60歳からの前向き人生のすすめ

弘兼流　やめる！ 生き方

弘兼憲史

青春新書
INTELLIGENCE

はじめに

人生100年時代、「第二の人生」なんてない

終身雇用の会社で働き続け、定年後は退職金と年金で悠々自適な「第二の人生」を楽しむという生き方は、大企業で働いてきたごく一部の人だけに限られる時代になりました。大企業で働いているからといっても、誰もが安心して定年を迎えられるとは限りません。

リーマン・ショックや東日本大震災による経済危機では、大企業も給与カットとリストラ、統廃合などで業績を何とか回復させてきましたが、そこで犠牲になったのは40代、50代のベテラン社員でした。さらに、2020年1月から始まった新型コロナウイルスの地球規模感染では、日本の大企業も大きな損失を取り戻すために、かつてないような大規模対策をとることになるでしょうけども、そこでまず対象とされるのも賃金の高いベテラン

社員なのです。

大企業でさえ、この先、退職金や年金をあてにして60歳以降を生きていける確率はますます低くなっていき、中小企業では退職金など望めない会社も増えていくはずです。


政府が65歳までの雇用義務化を決め、さらに70歳まで働き続けられる環境確保を進めようとしている中で、「生きている間は仕事を続ける」「働ける間は働く」というライフスタイルが一般的なものとなりつつあります。

60歳や65歳で勤務先や仕事の仕方が変わっても、それはセカンドライフというような変革をもたらすものではなくて、今までに経験してきた転勤や転職などと同じように仕事のシーンが変わるだけ。今、50代前後のビジネスマンは、そういう時代を生きているのだと思います。

僕が50歳になった二十余年前には、同年代のビジネスマンたちは「残り30年、第二の人生をどう生きてやるか」なんていうことを言っていたものですが、人生100年時代と言われるようになった今、健康寿命とされる70代半ばまでは第一も第二もなく、一つのライン上にある自分の人生。言ってみれば、人生「一気通貫《いっきつうかん》」の時代になったのです。そんな時代に、50代までの生き方と切り離して60歳からの人生を考えてみても、あまり意味がありません。

かつては定年退職を機に働くのをやめて、人生にひと区切りをつける人がほとんどでしたから、人間関係もさまざまな習慣もそのタイミングで自然と整理されました。

しかし、第一も第二もない「一気通貫の人生」では、区切りをつけるタイミングがなくなります。そのため、長年続けてきた人間関係の在り方や習慣をいつまでも引きずってしまいがちなのです。仕事上のしがらみや不条理を背負ってきた中で築かれた関係や習慣を引きずったままでは、残された人生を楽しむことができません。

ただでさえ60歳を過ぎれば、肉体的な衰えが目立ってくるし、残された時間を意識するようにもなるものです。いろいろな制約が出てくる中で人生を豊かなものにするためには、思い切って「やめること」が必要なのです。

鳥井さんから伝えられた「やってみなはれ」

「やってみなはれ」

これは、サントリーの創業者である鳥井信治郎さんが、ことあるごとに口にしたと言われる言葉です。失敗を恐れずに挑戦し続ける姿勢を重んじる、チャレンジ精神が凝縮された言葉であり、二代目社長の佐治敬三さんから、五代目となる現在のサントリーホールディングス社長新浪剛史さんに至るまでサントリーの創業精神として掲げられ、「結果を恐れてやらないこと」を悪とし、「なさざること」を罪と問う社風の柱となっています。

この言葉を「教え」として伝えたのは、サントリーだけではありません。

僕が大学卒業後に3年3カ月在籍した、松下電器産業（現パナソニック）の創業者である松下幸之助さんが、よく部下にかけた言葉としても知られています。松下幸之助さんは、5歳の頃にお父さんが米相場の失敗から破産し、尋常小学校を4年で中退して丁稚奉公に出されました。2店目の奉公先が船来自転車を扱う「五代自転車」という店で、そこの上得意に、松下さんより15歳年上の鳥井信治郎さんがいたのです。

ある日、丁稚の松下さんは修理が終わった鳥井さんの高級自転車を届けに行き、そこで鳥井さんから「よく来た」と迎えられて温かい大きな手で頭を撫でられ、「坊、気張るんやで」と励まされたといいます。

松下さんは、この出会いを一生忘れずに鳥井さんを尊敬し続け、事業を始めてからは何かと相談をしに鳥井さんを訪ねたのでした。会社組織としての松下電器産業は、1935（昭和10）年、松下さんが41歳の時に設立されたのですが、戦後の不況で苦しい状況に追い込まれた時には、鳥井さんが多額の資金援助を行っています。

除幕式で松下さんが語ったこと

鳥井さんは銅像など造ることを嫌う人でしたが、没後20年を控えた1981（昭和56）年に、大阪の築港サントリープラント工場内に銅像が造られて除幕式が行われ、案内状は松下さんのところにも送られました。

僕が松下電器に在籍していたのは1970代の前半で、ちょうど松下さんが会長職を退いて相談役に就任した頃でしたから、式典などではお話を聞く機会にも恵まれ、元気なお姿を拝見しました。しかし、除幕式が行われた年には87歳となり、体調も崩されていた松下さんは、公の場に出ることもほとんどなくなっていたので、サントリーの佐治敬三社長（当時）は松下さんの出席をあきらめていたといいます。

ところが、鳥井さんへの恩義を重んじていた松下さんは、除幕式に出席するという返信をしてサントリーの経営陣を驚かせました。しかも、自ら式典でのスピーチを申し出たのです。「私が鳥井信治郎さんと初めてお会いしたのは、今から丁度、74年前の春のことでした」と始められたこのスピーチで語られたのが、ここで紹介したお二人の出会いだったのです。

松下さんは、鳥井さんに対する尊敬の念もあって「やってみなはれ」という言葉をよく使ったのだと思われますが、そこには鳥井さんから受けた「愛情と励まし」が込められていたのではないかと思うのです。サントリーの「やってみなはれ精神」は、「自分で決めたことを覚悟と責任を持ってやってみろ」ということですから、もしも僕が社員で「やってみなはれ」と言われたらちょっと怖いような緊張感を覚えますが、松下さんの「やってみなはれ」には、愛情や励ましの温かい気持ちを感じてしまうのです。

人生後半戦を楽しく生きたかったら「やゝめゝてゝみゝなゝはゝれゝ」

僕はここで、少し後輩の読者に愛情と励ましを込めて、松下さん流に「やゝめゝてゝみゝなゝはゝれゝ」

と言いたい。この本で「60歳からの人生は、やめることで見えてくるものがある」と伝えたいのです。パロディに思われるかもしれませんが、僕としては、偉大な二人の経営者を仰ぐオマージュとしてここで使わせていただきました。

やめることで、しがらみからラクになる。
やめることで、精神的にも経済的にもラクになる。
やめることで、本当に必要なものが見えてくる。
やめることで、幸せになる。

第二の人生と呼ぶ時代は終わったのに、なぜ60歳からなのかといえば、仕事を続けていても、老いの自覚がなくても、60代は社会的立場や肉体的状況が変わる時だからです。65歳になると社会的には「高齢者」に分類されることになりますし、体力はどうしても落ちてきます。自分はそんなに変わったつもりがなくても、若者からは「老人」として見られるようになるわけです。

多少の寂しさや不安を抱くことはあっても、年をとったら自分が動ける範囲での、身の丈《たけ》に合った生活圏を作っていかなければいけません。若い時のように多くの人に囲まれて多くの人と交流を持つことは、経済的にも体力的にもできなくなってきます。

冒頭からこんなことを書くと、我慢したりあきらめたりするネガティブな生き方を提唱する本なのではないかと思われるかもしれませんが、それは逆。僕は楽しい50代を過ごしたのですが、60代のほうがさらに楽しかったのです。そして70代の現在、「今が人生で一番楽しい」と感じているので、好きな年齢に戻って人生をやり直せると言われても、どこにも戻りたくありません。

そんな僕が、ひと足先に60代を過ごしてみて思うことを書き留めたのが、この本です。「今が一番いいと思える人生」を送りたいと思っている人にとって、少しでもアドバイスになれば幸甚です。

各章の最後には、今も『ビッグコミックオリジナル』（小学館）で連載を続けている『黄昏流星群《たそがれりゅうせいぐん》』から、章の主旨に沿うストーリーをピックアップして簡単な解説やこぼれ話を掲載しました。ぜひ、「弘兼流 やめる！ 生き方 コレクション」としてお楽しみください。

目次

第1章　やめて受け入れる

第2章 やめて自立する

第3章 やめてラクになる

第4章 やめて楽しむ

第5章 やめて幸せになる

第1章

やめて受け入れる

01 「年に逆らう」のをやめる

“老いは成長”である

僕は70代になった今も、若い人とつきあうことにまったく抵抗がありません。

年下の人たちに媚《こ》びるわけではなくて、いつもウェルカムの気持ちなのです。これは漫画家という職業柄、年下の人たちから身近に感じられているという事情もあるでしょう。

先日もある政治家との食事会で、同席していた50歳くらいの社長さんから、「中学、高校時代から弘兼さんの漫画を読んで育ちました」と言われました。

考えてみたら『ハロー張りネズミ』の連載を始めたのが1980年、『課長 島耕作』の連載を始めたのは1983年で40年近く前ですから、そういう時代になったのだなあと、少々うれしくなったものです。

もっと若い世代の人たちからも漫画を読んでいたと言われることがよくありますし、とくに若い女性からは、お父さんが漫画を読んでいたと言われることもあります。自分の娘も30代後半になるのですから、納得しますよね。そういう時には、自分がここまで成長してきたことをうれしく思うのです。

こういう時に、「オレは、もうそんな年になっちまったのか」とネガティブな受け取り方をする人もいるでしょうが、これはやめたほうがいい。年齢を重ねて、今日生きているということは喜ぶ話であって、年をとったということを残念に思う理由はないのです。

僕は生まれつき平等な人生などないから個性が大事なのだと言ってきましたが、生きてさえいれば誰にでも平等に流れるのが時間というもの。誰もが平等に年をとるのですから、残念がるようなことではありません。だから、「そんな年になれてよかった。自分も成長したものだ」とうれしく思えばいいのです。

そもそも僕は、〝老いは成長〟ととらえています。いいことが起こることばかりが成長ではありません。人の名前が思い出せなくなるのも、白髪が増えるのも、目が疲れやすくなるのも、成長といえば成長。人間のあるべき姿として正しく成長している、と僕は前向きに考えています。

これは、いつまでも健康でいたい、美しくありたいと願う気持ちとは別の話で、そう思う人は健康でいるための努力や、美しくあるためのケアをすればいい。何をどう考えようが、ケアをしようがしまいが、生きていれば年はとるのですから、早く受け入れたほうがラクな人生を過ごせます。

年齢アレルギーはこうして治す

1995（平成7）年に『黄昏流星群』の連載を始めたのは、50を前にした同年代の友人たちと「思い残したことはないか？」という話をしていて出てきた、「燃えるような恋がしたい。実際には無理だけどね」というひと言がきっかけでした。僕ら戦後生まれの団塊世代は、社会通念を変えてきた世代です。戦後の教育を受けて育ち、大学へ進学することが特別のことではなくなり、結婚したら親とは同居しない核家族化という現象を引き起こしてきました。

その団塊世代が50代になった時、何歳になっても人間には恋愛感情があり、それは恥ずかしいことではないのだという意思表明を始めたのです。今でこそ、50代で恋愛をするのも珍しくない時代になりましたが、25年前はまだ、「50代にもなって恋愛なんて」という社会通念が残っていました。

そして、そんな団塊世代が60代になった10年ほど前、高齢層になって起こした現象が、「オレはまだまだ若い。老人なんて呼ばれたくない」「65歳から高齢者と呼ぶのは早すぎる」といった、「高齢者」「老人」という言葉に対するアレルギーだったのです。

たしかに、それまでの65歳と比べたら若く見える人が増えたのは事実でしょう。65歳は、高齢者と呼ぶにはまだまだ早いのではないかという風潮を起こしたのも、僕らの世代かもしれません。

しかし、社会のくくりで65歳からは前期高齢者、75歳からは後期高齢者と分類されるようになっただけのこと。この社会のシステムをいくら嫌だと言ってみても、1年経てば1歳、誰もが年をとるのが現実なのです。こういうアレルギーは、抵抗しても症状が悪化するばかりですから、受け入れてしまったほうが快方に向かいます。

僕は、65歳の誕生日に「いよいよ、オレも今日から高齢者だ」と、なんだかワクワクしたことを覚えています。65歳になったら社会的に「高齢者」というくくりに入るだけのことだから、別にそれでいいじゃないかと思っていました。

定年や年金受給年齢の先延ばしが進められている昨今の社会状況を見ると、70歳からを前期高齢者とするといった改正も現実味を帯びてきています。社会通念が変わると、社会のルールやシステムに影響を与えるものですが、その時はその時で、70歳でも高齢者と呼ばれたくない人が出てくるでしょう。

いずれにしても、自分の年齢や社会的立場は、言葉に対するアレルギーを治して受け入れてしまったほうがラクなんです。無駄な闘争をしなくて済みますし、何よりも無駄なストレスを抱え込まなくて済むからです。

02 「肩書に頼る」のをやめる

会社の看板がなくなったら何が残るか

僕が就職して働いた時代、松下電器は電機労連の中でもっとも給料が高いトップクラスの企業で、しかも当時としては珍しく週休2日制でした。とてもいい条件で就職できたわけです。

そういう恵まれた地位を捨てて漫画家を目指したのは、自由を求めたからなのですが、トップクラスの大企業という看板に違和感を覚えていたのも事実でした。

入社2年や3年の僕にも、デザイン会社などへ仕事を発注する立場になると、お中元やお歳暮がたくさん贈られてきました。下請け業者にとっては受注を支える命綱のような存在になるので、あの手この手で僕を持ち上げるわけです。

『ヤング島耕作』で使ったエピソードですが、当時、取引先の年配社員と会った際に、その人の万年筆をほめたら、「どうぞ、使ってください。同じものを何本も海外で買ってきましたから」と言って差し出されたことがありました。

その人が大切に使っていたものであることを知っていましたし、何本も買ってきたなんていう話はウソだということもわかっていましたから、もちろん受け取ることはしませんでしたが、そんなウソまでついて持ち上げられている自分に違和感を覚えたのです。

クルマの話をしていたら、「どうぞ自由に使ってください」とホンダＳ６００のキーを差し出されたこともありました。僕は、そうした人たちの発注元である松下電器の社員というだけで、まだ入社したばかりの若造なのです。

そこで、看板を背負っている自分がチヤホヤされているだけだと気づけた僕はラッキーだったかもしれません。その、ぬるま湯につかっているような違和感が、漫画家になるという目標を後押ししてくれたこともあり、ニューヨーク転勤を打診されたタイミングで退社を決行できたのです。あの状況では、勘違いしてしまう若手がいてもおかしくないでしょうね。当時の松下電器に限らず、大企業の社員には同じような境遇でチヤホヤされた経験がある人も多いことでしょう。

じつは、60歳を過ぎても、自分は看板を背負って仕事をしてきただけなのだということに気づいていないサラリーマンが案外いるのです。

定年後に継続雇用で子会社勤務になったり、別会社に勤め出したりして、かつての取引先に会ったらまったく相手の態度が変わっていたというのは、よくある話。そこで、今まで相手は、自分ではなくて、自分の看板である会社と仕事をしていたのだとわかるのです。

“平地”に下りる時の心構え

今の肩書がなくなった自分に何ができるのか、考えたことがありますか?

40代、50代になって役職に就くと、肩書にあぐらをかく人が増えてくるのですが、大きな会社にいて役職が上の人ほど肩書が外れた時の落差は大きいものです。終身雇用の会社で定年を迎えた人が、退職金をぜんぶ投資して起業した挙げ句に失敗するのは、この落差を理解していないケースが少なくありません。

定年を迎えたら、平地に下りることとなり、学校でいえば1年生からの再スタートです。小学校1年生になった時のことを思い出してみてください。近所のサラリーマン家庭の子ども、医者の子ども、八百屋の子ども、母子家庭の子どもなど、みんなが机を並べて小学校生活をスタートさせましたよね。肩書が外れるということは、あれと同じ状況になるのだと思えばいいでしょう。

さらに年をとって老人ホームなどの施設に入ったら、また1年生から再スタート。元社長、元医師、元弁護士、元料理人、元職人、あらゆる人が同じ場所で生活を送ることになり、そこで一番嫌われるのは昔の肩書を自慢する人間です。

かつて僕は「手ぶらの人生」という言葉を使ったことがあります。

これは、生きている間にいつのまにか背負い込んでいた余計な荷物を下ろすこと、手放すことで、快適な人生が送れるという意味で使ったもの。肩書がなくなるのは寂しいことではなくて、背負っているものを下ろせるのだ、自由になれるのだという受け入れ方をすれば、手ぶらの感覚を楽しみながら生きることができます。

60歳から自由で楽しい人生を送ろうと考えるのであれば、過去の肩書など邪魔になるだけなのです。

03 「老後のお金の心配」をやめる

「老後に2000万円足りない」を真に受けてはいませんか

60歳の男女に対するアンケートでは、80％以上の人が老後に不安を感じているといいます。厚生労働省が２０２０年に発表した日本人の平均寿命は、男性が81・41歳、女性が87・45歳ですから、平均すれば60歳から男性は約21年間、女性は約27年間生きることになるわけです。

おもな不安のタネは、この間、経済的に困らず生きていけるのだろうかということ。自分が何歳まで生きるかということはわかりませんが、お金の心配がなくなれば、老後の不安はほとんど解消します。

金融庁の発表で問題になった、「年金だけでは老後30年で2000万円不足する」という数字の根拠は、高齢者無職世帯では毎月5万5000円足りなくなり、それが1年で66万円、30年間で1980万円になるという試算。夫婦の年金を含めた収入が月に約21万円あり、月の支出を約26万5000円と設定しています。

いやいや、それでは足りない。30年後には年金が18万7000円程度に目減りしていると考えられるので、この目減り分を約685万円と試算し、実際には2685万円不足するのではないか。さらに現実的に考えて、必要とされる医療費、家のリフォーム代などを加えたら3000万円以上になるのではないか。いや、老人ホームなどへの入居料を考えたら5000万円は必要になるのではないかと、どんどん金額が上がっていって、不安になる人が増えたのです。

でも、よく考えてみてください。

これは65歳から30年間無職世帯で、年金以外の収入がほぼない場合です。毎月5万5000円足りないのであれば、その分、働いて収入を得ればいいわけです。現役時代と同じ稼ぎを得ることは難しくても、月5万5000円なら必ずしも難しいことではないのではないでしょうか。

さらに、95歳まで30年間も本当に生きるのでしょうか。最初に出した30年間の試算を20年間に変えたら不足額は1320万円になり、75歳まで毎月10万円の収入があれば、それだけで1200万円になりますから、差額は120万円になります。

月の支出は死ぬまでずっと26万円もいるのでしょうか。そもそも、毎月5万5000円足りないという試算がどうなのでしょう。持ち家に住んでいる夫婦もいれば賃貸住宅に住む夫婦もいて、食料は半分自給自足なんていう人だっているかもしれません。収入や年金の額も、支出の額もみんな違うわけですから、一様にいくら足りないという考え方はやめたほうがいいと思うのです。

お金の安心を求めること＝不安を求めること

もっと言えば、どんなに稼いだり、貯めていたとしても、お金の不安は尽きることがありません。

実際、どのくらいの稼ぎ（貯蓄）があると安心かというアンケートをすると、一年に5

00万円稼いでいる人は1000万円あれば安心と答え、1000万円の人は2000万円と、現状の倍の額を答える人が多いといいます。これは1億円以上の資産がある人でも同じようです。

つまり、「いくらあってもお金の不安はなくならない」のです。

いくらあってもお金の不安はなくならないのなら、「不安に思うだけ損じゃないか」というのが僕の結論です。

お金とどこかで折り合いをつけて、身の丈に合った生活をし、お金の不安に振り回されないようにすることが大事。お金の安心を追い求めることは、かえって不安を追い求めることになってしまうからです。

60歳からのお金とのつきあい方

もちろん、夫婦二人で生きていくためには、一定の金額が必要になるでしょう。でも、この金額は自分たちで決めるもの。お金がなければないなりに幸せな生き方を見つければいいのだし、お金が欲しいと思ったら、そこからできる範囲で貯めればいい。どうしても足りない時に借りられる状況にあったら、借りてもいい。お金というものは、自分でつきあい方を決めるものなのです。

60歳や65歳で働くのをやめたいというのであれば、それなりの蓄えが必要になります。でも今は、働ける間は働いていたいと考える人が大多数でしょう。

具体的に言うと、60歳で貯蓄がなくて心配だったら、70歳まではがんばってお金を貯めるという計画を立ててもいいし、65歳までの5年間は徹底的に貯金をして、その後のことは65歳になった時に考えようという生き方だってできるのです。

せっかく子育てから解放されて、これからは自分のために生きることができるのですから、やみくもに心配するのはやめて、自分なりのお金とのつきあい方を受け入れ、今、この状況からどうやって人生を楽しいものにするかを考えたほうがいいと思いませんか。

04 「健康のために」をやめる

老化防止のために「何もやらない」という健康法

朝、目が覚めてから、布団の中で少しウダウダと身体を動かすのが好きです。

クルマを走らせる前に暖機《だんき》運転をするがごとく、手首や足首をグルグル回し、全身の関節をゆっくり動かしてあちこちの筋肉を伸ばし、身体が少し温まってから起き上がるのですが、これがじつに気持ちいい。

先日、ある会合でお会いした医師にこの話をしたら、二つの理由から、これは老化防止としてとても理にかなった行為だと言われました。

一つ目の理由は、関節や筋肉はエンジンやギアと同じで、急に動かすと組織を傷めることになるから、ウォーミングアップをしてオイルが十分に回ってから活動を始めるように労《いたわ》ると、組織が長持ちするというのです。

僕はクルマのドアを開けてシートに身体を沈め、エンジンを始動する時の高揚感が好きです。「カシッ、ドゥーン」とセルモーターがエンジンに火を入れて始動し、低いアイドリング音が心地よく唸《うな》ると、エンジンの中にあるピストンやたくさんのギアが滑らかに動いていることを実感するんです。眠っていた機械が目覚める儀式のようなものですね。人間の身体も同様に、関節や筋肉にはウォーミングアップという儀式が大切だということなのです。

でも、僕が布団の中でウォーミングアップするのは、身体を労っているという意識や老化防止という意識からではなくて、たんに「気持ちいいからやっている」だけです。よく取材などで、「老化対策や健康のために何かやっていることはありますか？」という質問を受けるのですが、あえてやっていることはないんですね。

この「気持ちいいからやる」というのが二つ目の理由で、老化防止のためにやる、健康を維持するためにやるというのでは、義務感からかえってストレスになってしまいかねません。

「気持ちいいからやる」「楽しいからやる」というプラスの発想で行っていると、ストレスケアにもなって、結果的に老化防止の効果が高いというのです。

「気持ちよく」続けられることに勝る健康法なし

僕は歩くのが好きなので、プロダクションのまかない用の買い物や気晴らしの散歩など、仕事場の近所をよく歩きます。朝のウォーミングアップの話をした医師からは、これも老化防止にかなっていることだと言われました。

ウォーキングは、体内に酸素をたくさん取り入れて脂肪燃焼をする有酸素運動として人気がありますが、かつては脂肪を燃焼させるためには30~40分以上歩かないと効果が出ないと言われていました。

ところが最近は、10~15分程度の軽いウォーキングを何回か行うほうが身体にいい、と変わってきたようです。

有酸素運動をやり過ぎると、疲労や老化のもとになる活性酸素が体内に増えてしまうので、かえって身体によくないらしいのです。だから、汗をたくさんかいたり息が切れたりしないくらいの軽めの有酸素運動が、健康にも老化防止にもいいというわけです。

僕はかねて運動をやり過ぎるのはよくないのではないかと思っていました。とくに今まであまり運動をしてこなかったような人が老化防止を意識して、「健康のために、ジョギングを始めて身体を鍛えよう！」などというのが一番危ない。こういうのは命に関わるから、やめたほうがいいですね。


知り合いの女性に、次々と発売される健康食品や健康器具にやたらと詳しい「健康オタク」がいます。彼女はテレビなどで健康情報を見聞きすると、試さずにはいられなくなるようです。


たくさんの健康法を試しているせいか体調はいいようですが、何が効いているのかわからなくて、何一つやめられないという悩みを抱えていました。

そこまではいかなくても、テレビのコマーシャルを見て、ついサプリメントを買ってしまったとか、アマゾンのレビューを見ているうちに欲しくなって、つい新型健康器具を頼んでしまったという経験を持つ人はいるでしょう。

自分の健康や老化防止を意識してお金を使うことはけっして悪いことではありません。

でも、気持ちがいいために生活の中で習慣化できているストレッチやウォーキングは、お金がかからず、何の無理もなく続けられて、健康維持、老化防止につながるのですから、どんな健康アイテムにも勝るでしょう。

僕は誰にでも訪れる「老化」という現象を成長の証《あかし》として受け入れてきました。だから、意識して身体を鍛えようとしたことはありません。

ゴルフだって楽しいから続けているのであって、身体にいいからやっているという意識はありません。

60歳からは、「健康のため」「老化防止のため」などと自分に無理強いすることはやめて、「気持ちよく」続けられるかどうかを大事にしたいですね。

05 「世間体を気にする」のをやめる

家にこだわるのをやめよう

住居の選択は、誰もが人生の中で何度か経験する問題です。

「どこに誰と住むか？」

「持ち家か賃貸か？」

「一戸建てかマンションか？」

60歳を過ぎたらまた、こうした問題と1回は向き合う時がくるでしょう。仕事の内容が変わったり、子どもが独立したりして、住環境を見直す必要が出てくるからです。

60歳からの生活で大事なのがダウンサイジング。

人間関係を絞る、消費活動を縮小することなどとともに、住居のダウンサイジングも大きな検討要素です。住環境の見直しでキーポイントとなるのは、世間体や見栄を捨てて、「ラクに生きていけるかどうか」ということです。

広すぎる家は必要ないので、小さなマンションに引っ越すのも選択肢の一つでしょう。夫婦二人の場合、生活のしやすさや維持費を考えたら、小さなマンションのほうが効率的です。世間体や見栄を気にしなければ、持ち家にこだわる必要もなく、むしろ借家のほうが、いつでも引っ越せる自由度の点からも、メリットが大きいかもしれません。

あるいは、子どもの独立を機に、夫婦それぞれが好きな場所で別生活を始める「卒婚」もありだと思います。

今、家族がそれぞれラクなライフスタイルを選択するという生き方は、日本でも増えてきています。かつて流行した二世帯住宅ではなくて、独立した子ども夫婦がわりと近所に住んでいるという家庭が多くなっているのは、そのほうがお互いにラクだからです。同じ所には住んでいないけど、必要な時には会いに行けるという距離感ですね。

実際、子どもたちが家を出て行ったタイミングで、夫と別居をしたがっている奥さんが少なくありません。離婚をしたいわけではなく、自由になりたいのです。

「卒婚」で家族仲がよりよくなることも

もう20年近く前のことですが、つきあいのあったクリエイターで、ひとり娘が家を出てひとり暮らしを始めたタイミングに乗じて、50代の夫婦もそれぞれ近くに部屋を借りて住み、三人がわりと近所で別々に暮らしていた家庭がありました。

週に1回くらい、お気に入りのレストランに集まって食事を楽しみ、また「それじゃあね」とそれぞれの部屋に帰っていくのですが、夫婦一緒に1軒の家にいてそれぞれの部屋を持っていた時よりも、かえって絆が強まった気がすると言っていました。

仕事の関係者や親戚筋からは、「じつは離婚したいけど、体裁があるから別居したのではないか」とか、「変わってるね」などと言われていたようですが、三人の家族には幸せな時間が流れていたのだと思います。

こういう自由な「個」を大切にする家族のライフスタイルは、今後、ますます増えていくことでしょう。60歳からは、世間体や見栄を捨てて自分たちがラクで幸せな生活スタイルを見つけたいものです。

06「老後の楽しみ」をやめる

楽しみを後回しにすることほど損なことはない

日本人は楽しみを後にとっておくタイプが多いようです。「後々のために今は我慢しておこう」という考え方です

でも、60歳を過ぎたらそれは考えもの。もう十分に我慢してがんばってきた人が多いはずですから、これからは「老後に楽しみをとっておく」なんていう発想は、きっぱりとやめてしまいましょう。

パリにあるルーブル美術館へ行くと、入り口で杖をついて座っているおじいさんを見かけることがあります。

ルーブルは世界最大級の美術館で、じっくり観ようと思ったら最低３日間は必要です。そんな巨大な館内を歩いて回るのは疲れるので、中へ入らずに同行者を入り口で待っているわけです。

かの有名な「モナ・リザ」や「ミロのヴィーナス」、「サモトラケのニケ」をはじめ、一生に一度は観ておきたい美術品を前にして、それを実行する体力がないというのはじつにもったいない。

ルーブル美術館に限らず、海外旅行が好きであったら、定年後に時間ができたら万里の長城に行ってみたい、マチュピチュを訪ねてみたいなどと憧れの絶景を思い描いている人がいるかもしれません。海外旅行ではなくても、時間ができたら百名山を制覇したいと思っている人や、ゴルフ三昧の日々を送りたいと思っている人も少なくないでしょう。

こういう、とくに体力を必要とすることに関しては、後に楽しみをとっておくのはやめたほうがいい。仕事をリタイアする時まで楽しみにとっておこう、と思っていても、その時にはもう身体が言うことを聞いてくれないかもしれません。

身体が動いたとしても、その時に金銭的な余裕が残っているかどうかわからないし、病気にかかっている可能性だってあります。

新型コロナウイルスが突然猛威をふるい、世界中で多くの死者が出たように、未来なんて誰にもわからないのです。

だから、体力が必要なことは、それができる時間とお金が作れるのだったら、躊躇《ちゅうちょ》せずに早くやったほうがいい。僕の経験から言うと、65歳くらいまでの5年間が安心して楽しめる時期だと思います。

僕が会員になっているゴルフ倶楽部は、35歳以下の男性は入場禁止でご年配の会員が多いのですが、カートはないので誰もが歩いてラウンドします。

あまり起伏がないコースとはいえ、相当の体力を必要としますが、けっこうなご高齢のメンバーが18ホールを歩いて回っています。これは、40～50代の頃からやっているからできるのであって、高齢になって急にやろうとしたら、1ラウンド歩いて回るのはけっこうきついはずです。

人生も駅伝も先行逃げ切りが必勝法

話は少し変わりますが、僕は駅伝が好きで、なかでも正月の箱根駅伝は、スタート地点である東京・大手町の読売新聞社前へ何度も足を運んでいます。人生をマラソンに例えることがありますが、60歳からの人生は、箱根駅伝のようなところがあるんですね。

箱根駅伝は、正月の風物詩としてテレビ中継を楽しむ人が多いので説明するまでもないでしょうが、関東の大学20校に、2015年からは関東学生連合チーム（それまでは関東学生選抜チームと呼ばれていた）も加わり、1月2日に大手町から箱根の芦ノ湖までの1区から5区を、翌3日に芦ノ湖から戻る6区から10区をリレーして走る競技です（総距離は約217キロメートル）。

1人で42・195キロを走るマラソンの場合は、終盤のどこでスパートをかけるかということが勝敗のカギとなるのですが、駅伝は先行逃げ切りを目指すレースで、それぞれの区間でもそうですし、往路と復路を合わせた全行程でも、後続を振り切ってそのまま逃げ切るというのが勝ちパターン。

復路の8区、9区あたりが難しい勝負どころにはなっていても、マラソンのように終盤の逆転が多い競技ではありません。

だから、1区はとりこぼしなく次につなげる準エースクラスのランナーが多く、2区はエースが走ります。

最近は3区にエースを持ってくることもありますけど、往路にエースを投入して逃げ切りを狙うのが箱根駅伝の王道パターンなんですね。

60歳からの人生も、箱根駅伝と同じように最後のほうで逆転するのは難しい。だから、エネルギーを最後の追い込みのために温存するのではなくて、60歳から先行逃げ切りを狙うのがいいと思うのです。

体力もそうですけど、お金に関しても、多額の投資をするとか大きな買い物をするというのは、65歳までの間にやったほうがいい。老後のために残しておいても、死んでしまったら元も子もないのですから。

07「変えられないことで悩む」のをやめる

逆らえないことなら受け入れてしまう

年をとれば、確実に死に近づいていきます。人間である以上、誰も死から逃れることはできません。

僕は自分の死についてあれこれ考えを巡らすことはありますが、死を怖いと思ったことも、自分の死を想像してネガティブな気分になることもありません。

いろいろなところで書いていますが、僕にとっての理想の死は、漫画を描きながら、ペンを持ったまま机に突っ伏して死ぬことです。漫画家として、これ以上ない最高の死に方だと思っています。

前に、〝老いは成長〟と書きましたが、死もまた老いと同様にみんなに平等に訪れるものなので、誰も逆らうことはできません。

命あるものは必ず死ぬのですから、タイムトラベラーでもない限り、考えてどうにかできることではないのです。

死は、この世に生まれた時から受け入れるしかない宿命。自分に変えられないことは、スパッと割り切って受け入れてしまわなければ、無駄な時間と余計なストレスが増えるだけです。

逆らえないのなら、老いと同様、そのまま受け入れればいいのです。

「どう死ぬか」とは「どう生きるか」

みなさんは死についてどう考えていますか？

僕が幼少期を過ごした昭和20年代から30年代にかけては、まだ自宅で亡くなる老人が多く、学校帰りに葬儀をしている家の前を通ると座敷の布団に横たわっている遺体と悲しむ親族が見えて、「ああ、この間まで犬と散歩していたここのおじいさんは死んだんだ」なんて思ったものです。生きていた人が急にいなくなる「死」というものが、身近にあった時代だったんですね。

だから、「人は誰もが死ぬ」「生きているものは必ず死ぬ」ということが、子どもも心にも自然に理解できていたように思えます。

宗教は、人間に変えられないことを受け入れる器となるものですから、生まれた時からユダヤ教、キリスト教、イスラム教、仏教などに入信しているような国では、子どものうちから自然に死生観も形成されるのですが、日本人は特定の宗教に入信している人が多くありません。

だから身近に「死」がなくなってしまった今の日本人にとって、「死」は漠然としたものなんですね。

死について真剣に考えたことがないという人が多い分、漠然としたものになっているので、いたずらに不安を持ってしまう人が多いということなのでしょう。

僕の理想は漫画を描きながら死ぬことだと書きましたが、「どう死ぬか」を考えることは、「どう生きるか」を考えることと同じだと思っています。

連続した生の先に死という結末があるのですから、死が単独で存在しているわけではありません。

そう考えると、「どう死ぬか」ということは、生をどう充実させるかに大きく関わってくることがわかります。

いくら悩んでも自分で変えることができない現実に対して、不安を抱いたり、悩んだりしてストレスをためるくらいだったら、僕はその時間を無駄にせず、自分で変えられることに目を向けて、人生をより楽しく、豊かにしたいと考えています。

「死」という変えられない現実で悩むよりも、自分の力で変えていける「生」という現実に目を向けて生きたほうが、人生は有意義なものになるはずだからです。

『黄昏流星群』PICK UP STORIES①

「俺の明星」（第45巻収録）2013年作

あらすじ

冷血漢で恐れられる辰巳三郎が会長として君臨する暴力団「日本国士会」は、チャイニーズマフィアと激しい抗争を繰り返していた。ある日、テレビでアイドルグループ「ASK45」の高藤愛を見た三郎は、経験したことのないトキメキを感じる。

70歳になる三郎は、愛人チャコとの性生活に興味が薄れている自分に気づくのだが、チャコの浮気にも感づいてしまう。浮気の現場を押さえようと、向かいのマンションの一室から見張っていると、高藤愛がチャコと同じマンションに住んでいることを知る。

トキメク気持ちを抑えられない三郎は、チャコを追い出したその部屋に住み、ひとり暮らしの気さくなおじいちゃんを装って愛に接近、次第に愛から慕われるようになっていく。もはや抗争などどうでもよくなり、夢中で愛に好かれようとする三郎だったが、チャコの密告によってチャイニーズマフィアの刺客が迫るのだった——

このストーリーは、意外な恋愛を描きたくて、ヤクザの親分とＡＫＢみたいなアイドルの女の子という組み合わせの面白さから入りました。

暴力団の会長である三郎は、組織内にもにらみを利かせていなければいけない立場ですから、最初は自分がアイドルに恋をすることなど受け入れがたいわけです。しかし、高齢になって性行為に対する興味が薄れたことや、トキメキという感情を素直に受け入れたことによって解放され、肩書を捨てて純愛に走ります。

三郎が自分を解放して夢中になったのは、愛とのセックスではなくて、会うだけで心が癒やされる、何か彼女の役に立ちたいと思う純愛だったわけです。自分を縛っているものを捨てれば、素直な感情を受け入れることができる例としてここでピックアップしました。

ラストシーンは、映画『ゴッドファーザー』でマーロン・ブランドがオレンジを買っていて暗殺者に狙われるシーンがイメージにありました。映画は真上から撮っている印象的な画《え》なのですが、あのシーンがとても好きだったので、オマージュ的にラストシーンもオレンジが転がる描写にしています。

第2章

やめて自立する

08「妻に求める」のをやめる

夫から離婚を切り出すケースが増えている

ここ数年、夫から切り出す熟年離婚が増えているといいます。

その多くは50代後半~60代前半で、子育てが終わったタイミングや、60歳になって職場環境が変わったきっかけなどで離婚を切り出すようです。背景には、共働きが増えて、男も家事をこなせるようになったことや、妻も仕事を持っていて経済的に自立できるようになったことが影響しているようです。

少し前までは、「熟年離婚」「定年離婚」と言えば、妻から切り出すケースがほとんどでした。

60歳で定年を迎えて送迎会で会社を送り出され、花束を抱えて家に帰ったら、妻から離婚届を差し出されたという話は、団塊世代では「本当にあった怖い話」でした。

家では定年を祝ってくれるはずで、「これからは苦労をかけた妻と二人で、旅行でも楽しみながらのんびり暮らそう」などと思いながら帰宅したら、妻のほうは、「これで気兼ねなく、やっと自由になれる。これからは自分の人生を生きていこう」という気持ちを固めていて、「これ、お願いします」と言いながら離婚届を差し出されるわけです。

定年以前でも、子どもたちが独立して家を出ていき、夫婦二人の生活へと戻ったタイミングで、「これで親としての役目が終わった」と晴れ晴れとした気持ちになって、妻から離婚を求めるケースが多かったのです。

それが最近では、男から離婚を切り出すことも増えてきたというのですから、時代はずいぶん変わってきたものです。

夫から離婚を切り出す理由には、「妻に対する不満が募った」「自分の夢を追いかけたい」といったことがあげられています。

妻に対する不満は、「手抜きの料理ばかり出される」「家の中がいつも汚ない」という家事に関することが多く、「この先、この相手と死ぬまで生活を続けるのかと思うと夢も希望も持てない」と絶望して離婚を切り出すといいます。

家事や育児を手分けしてやるのが普通になっている世代ですから、共働きの場合は関係修復も可能でしょうが、専業主婦の場合は不満の根が深いかもしれません。

こうした不満の裏で進行しがちなのが、不倫ということになります。とくに多いのは、長年一緒に仕事をしている年下の女性と不倫の関係になり、「定年になったら一緒に趣味を楽しみながら暮らそう」などと約束していて、まず離婚してひとりになるというパターンです。

起業したい、趣味の世界を追求したいといった自分の夢に賛同してくれない妻と離婚するケースも、裏に女性が存在していることが多いかもしれません。

「妻に頼っている」と早死にする!?

しかし、夫から切り出す熟年離婚の場合は、離婚後の生活が予定通りいかなくなって後悔するケースが多いといいます。

いざ他の女性と暮らしてみたら、たった1年で相手が出ていってしまったとか、夢を追いかけるつもりだったのにすぐに挫折してしまったとか、ひとり暮らしになって最初は自由を謳歌していたのだけど、孤独にさいなまれて病気になってしまったという男がけっこう多いのです。

仕事ではコストカットのプロとして働いているのに、家計を管理できなくて生活が困窮する「家計難民」が多いという笑い話もあります。

なぜこういう男が多いのかというと、結局のところ、妻に依存しながら生活していることに気がついていないからです。

家事や育児を分担しているつもりでも、あくまでも補助的に関わっていただけということに気づいていないんですね。そのことにひとり暮らしをしてみて初めて気がつくわけですが、時すでに遅し。離婚後に、食生活が乱れて早死にする男が多いのは、自分で栄養管理をしてこなかった証拠と言えるでしょう。

だから、家事全般をひとりでこなせない男は生き残れないと考えていたほうがいい。

何も離婚だけの話ではありません。突然、妻と死別する可能性だってあります。できるだけ早いうちから、男も食事や生活環境の管理能力を意識して身につけるようにしたほうがいいのです。

団塊世代で増えた、妻から切り出す熟年離婚も、今の50代で増えている男から切り出す熟年離婚にしても、はたまたテレワークで一緒にいる時間が長くなって増えたという「コロナ離婚」にしても、離婚後に解放されて自由な人生を謳歌するのはたいてい女性のほう。

それに対して、生きがいを失ったり、寿命を縮めてしまったりと悲惨な末路を辿《たど》るのはだいたい男です。

目の前の現実に対応する能力が高いのは、やはり女性。誰にも依存しないひとり暮らしを維持する能力も、圧倒的に女性のほうが高い。だからこそ、意識して妻に頼らない生き方を、少しでも早く始めたほうがいいのです。

09 「いい父親」をやめる

子どもが成人したら「やめる」べきこと

60歳からの生き方で、依存しない関係でありたいのは、夫婦だけでなく親子にも言えることです。「親に頼る子」「子に頼る親」という関係は早くやめたほうがいいと思います。

よくあるのは、子どもが結婚をしたタイミングなどで、家を建てる費用を親が出してやり、その代わり、いずれやってくる介護などの老後の面倒を見てもらうという共依存の関係。親のほうは口に出さなくても、「家を建てるお金を出してやったのだから、当然、老後の面倒は見てくれるだろう」と思っていたのに、いざ介護が必要となった時には子どもはまったく力になってくれず、骨肉の争いに発展するケースも少なくありません。

同年代の知り合いに、老後の資金として貯めた１０００万円を息子の家の改築費用として渡し、二階で暮らしていた夫婦がいました。

当初は新鮮さもあってお互いにうまくやっていたのですが、数年後には息子夫婦との関係が悪くなってしまい、老夫婦は結局その家を出てアパート暮らし。虎の子の1000万円は戻ってきませんでした。

そんな例も普通にあるくらいですので、親として子どもに対する責任は、成人するまで、もしくは学生の間だけ、と割り切ったほうがいい。子どもが独立したのであれば、家族に対する責任も「もう、ここまでやったからいいだろう」と区切りをつけて、そのタイミングで自分を解放してあげていいと思うのです。

成功者たちはなぜ、子どもにお金を残さないのか

自分の身に介護が必要となった時のことが心配だったら、子どもをあてにして経済援助するよりむしろ、その分をとっておいて自分で気に入った施設に入るとか、自宅でのケアを誰かに頼んだほうが、はるかにいいのではないでしょうか。

僕は、仕事場で漫画を描きながら逝《い》くのが理想ですから施設に入るつもりはありません

が、高齢化社会になったおかげで、高齢者用施設は予算やサービスの内容によって幅広く選べる時代になってきました。

有料老人ホームには、自立して生活できる高齢者に対して食事などのサービスだけをするタイプから、家事全般をやってくれるタイプ、介護までしてくれるタイプまで、いろいろな施設があります。

他にも、家事から介護のサービスまで対応する高齢者向けマンション、毎月の年金程度で入居費をまかなうことができる特養老人ホームなど選択肢はいくつもありますから、子どもに頼らなくても、自分たちに合ったところを探して入居するのも悪くないと思います。

映画監督のジョージ・ルーカス、マイクロソフトの創業者ビル・ゲイツ、フェイスブックのＣＥＯであるマーク・ザッカーバーグ、ミュージシャンのエルトン・ジョンやスティングといった多くの有名人が、財産を自分の子どもに残さないと宣言しています。

みな、自分一代で富を築いた人たちで、大金を残せば子どものためにならないことをわかっているから、寄付や自分で使い切る算段をしているのです。

多くの貯蓄や資産がある人ほど、自分は子どもに大金を援助したり、財産を残してあげる「いい親」ではないことを、早めに子どもに伝えておくべきだと僕は思います。

10 「親の介護の犠牲になる」のをやめる

老親の世話を抱え込まない

自分が子どもの立場でも、親とは「頼らない」「頼られない」という依存し合わない関係を維持したいものです。

親の年金をあてにして生活しているパラサイトは論外としても、起業する時に親から出資してもらうとか、子どもの教育費を親に出してもらうということはやめたほうがいい。親の資産をあてにしている間は自立できません。

50代になると、自分の親が入院したり、介護を必要とするようになったりして、支援する立場になることも多くなります。親の介護は本当に難しい問題で、人それぞれ状況が違いますから、「こうしたほうがいい」と一様に語ることはできません。

ただ、一つ確実に言えるのは、自分や家族を犠牲にするのは最小限に抑えてほしいということです。

介護を家族でやれるのならそれがベストですが、兄弟姉妹の数も少なくなっている今の時代では、あまり現実的ではないでしょう。特定の人に過度に負担が行くことにもなります。

どんなに大切な存在である親でも、あなたやあなたのパートナーの貴重な人生を犠牲にしてしまうのはやり切れない。それが原因で介護離婚に至ってしまうことも珍しくありません。あなたを産んだ親だって、そんな人生を望んでいないでしょう。

また、身内が介護者だと、介護される側もワガママになって、関係が険悪になりかねません。

そういう意味でも、任せられるところはどんどん介護のプロに任せるべきでしょう。

「いい子ども」である前にすべきこと

ちなみに、介護をするために仕事をやめてしまう介護離職は、年間10万人にも及んでいます。離職する人は、そうせざるを得なくなったのでしょうが、辞める前にもう一度視野を広げて、何か方法はないか考えてみてほしいと思います。支援制度がある企業も多いですし、介護サービスをうまく利用しながら働く方法があるかもしれません。

介護のために仕事をやめてしまうと、経済基盤もなくなってしまいます。有給休暇や介護休暇をうまく使って、ケアマネジャーと相談しながら何とか仕事をやめずに乗り越えたという人もいます。

会社に相談したら、親の介護を2週間以上する場合に給与の3分の2程度がもらえて通算93日まで仕事を休める「介護休業」という制度を勧められ、介護が大変になる時期を見越しながらそれを3分割して乗り切ったという話も聞いたことがあります。

とにかく、自分ひとりで抱えないこと。

親の犠牲となってつぶれてしまう前に、親戚、友人、ご近所さん、会社、自治体など、まず相談できる相手を見つけることが、現状解決の糸口をつかむきっかけになるはずです。

自分を産んで育ててくれた親の存在は何にも代えがたい大切なものではありますが、とくに60歳からの人生では、親のために「いい子ども」であろうと無理をするのではなく、できるだけ自分のために限りある時間を使ってほしいと思うのです。

11 「無駄な人づきあい」をやめる

60歳からの友人はたくさんいらない

みなさんは、友人が何人いますか？

友人はいたほうがいいに決まっていますよね。とくに仕事一筋で生きてきたような男は問題を自分の中だけで解決しようとする傾向が強いので、思考をパンクさせないためにも、心の内を語り合える友人が必要です。

でも、若い頃に飲み屋で会社や上司への不満を言い合ったような愚痴をこぼす関係は、60歳を過ぎたらもう必要ありません。

「愚痴」の語源は、古代インドで使われていたサンスクリット語の「moha《モーハ》」という言葉だといわれ、「ｍｏｈａ」は「馬鹿」と訳されることもあって、真実を知らないこと、無知なことを意味するそうです。そこから、「今さら言ってもどうにもならない不平不満を言って嘆くこと」を「愚痴をこぼす」と言うようになったのです。

僕は愚痴をこぼし合うような関係が嫌いだったので、サラリーマン時代にそうした同僚との飲み会には参加しませんでした。愚痴をこぼし合う関係は、言ってもどうにもならない不平不満をお互いに吐き出してちょっとラクになる関係ですから、鏡に向かって毒を吐いているようなものです。その時だけのストレス解消にはなるかもしれませんが、そこから何一つプラスの要素は生まれません。

そして、愚痴も不幸と同じように伝染するものですから、そういう場には毒を吐き出したいやつが集まり、不平不満というネガティブな感情が伝染していきます。

僕ならそんなマイナスエネルギーが充満しているような場には行きたくないですね。

みなさんも、愚痴をこぼし合うような相手がいつも近くにいるようなら、そんな人とは早く距離を置いたほうがいい。それは仕事仲間かもしれませんが、60歳以降の人生を豊かにしてくれる、いい友人関係とは言えないからです。

では、どういう人を友人と言うのか。

僕にとっての友人とは、愚痴や不平不満を言い合うだけの相手ではなく、「今、こういう問題に悩んでるんだ」「今度、転職しようと思ってるんだ」「じつは、妻と別れたいんだけど」というような人生に関わる深いことまで話せる相手、孫ができた時などには心から喜び合えて、贈り物をしたくなるような相手です。

だから、僕の場合、友人と呼べるような人は10人もいません。でも、それで十分だと思っています。

男に必要な友人、女に必要な友人

一般に、女性は協調性や社交性の面で男性よりすぐれていると言われます。それは脳科学でも証明されているようです。

協調性や社交性にすぐれた女性は、自分が抱えている問題を誰かと共有することで上手にストレスを緩和させています。昔から女性が友人とのおしゃべりや井戸端会議が好きなのは、このためです。

一方、男性は心に抱えた問題を誰かと共有するのが女性よりも苦手で、自分で解決しようとする傾向が強いので、どうしてもストレスをためがちです。

自分ひとりで問題をため込んでいき、ストレス過多が続いて不安障害やうつ病を引き起こし、最悪の場合は自殺まで考えてしまうくらい男には脆《もろ》いところがある。自殺者の7割が男性というのは、そういった脳の構造が関係していると言えるでしょう。

誰かに心の内を話して、問題を共有できれば解決策が見えてくるかもしれないのに、それができずに自分を追い詰めてしまうわけです。

官僚や政治家が自ら死を選ぶのは、だいたいこのパターンですね。誰かに相談できていれば最悪の事態にまではならなかったはずなのに、他の道が見えなくなるくらいにまで自分を追い込んで孤立していってしまう。

だからこそ、孤立しがちな男性には、友人が必要です。

それも、ただ愚痴や不平不満を言い合うような仲間を多く作ることではなく、腹を割って心の内を語り合えるような友人がいるかどうかが重要です。

60歳からの人生ではむやみに知り合いを広げていくのではなく、一人、二人でもいいので、そういった真の友人関係を作り上げることに励んだほうがいい。そのほうが確実に、ストレスの少ない豊かな時間を過ごせると思うのです。

12 「正しいにこだわる」のをやめる

正義を振りかざす人ほど器が小さい

僕は全共闘世代ですから、大学時代には人とぶつかったほうがカッコイイと思って、ディベートなどをやった時期もありました。

当時、大部分の学生たちは確固たる思想があって討論しているわけではなかったので、自分が間違っていると気がついても突っ張って曲げようとしません。それで最後はつかみ合いになる。そんな現場を見ているうちに、「くだらんことだなあ」と思って参加するのをやめました。

「人と言い争ってもプラスになることはない」「人とぶつからないようにしよう」と思うようになったのは、その頃からです。

僕が大学生だった1960年代の後半は、正義の名のもとにベトナム戦争に介入したアメリカが戦線を拡大する一方で、反戦運動が盛んになっていく時代でした。

「正義」によって戦争をするということは、「自分は正しい」という大前提のもと、「対立するやつらは悪だ」「だから懲らしめる」という論理。お互いの国に正義があるから戦争になるのです。だから、正義を声高に主張するのは、相手の立場を受け入れないという意思表示でもあるわけです。

こういうことに気づいた時から、正論を主張したり正義をかざしたりすることはやめました。そういう「議（自分の中にある意思）」というものは口に出さず、自分がやるべきことを黙ってやればいいと思うようになったのです。

「自分からは争いに参加しない」という考え方は、今も変わりません。誰かとぶつかりそうになったら、その場から逃げるか、話題を変えます。

「自粛警察」に見え隠れする不安心理

新型コロナウイルス感染が広がる中で現れた「自粛警察」と呼ばれる人たちは、感染症という不安や恐怖が根底にあるものの、論理は過激な反戦運動家と同じです。

感染を防ぐためにはマスクをしていなければいけない、ソーシャルディスタンスを守らなければいけない、他県から移動してくるなんてもってのほかだ、という正義を掲げて、相手にどういう事情があるかということは考えずに懲らしめようとするわけです。

不安の裏には必ず願望があります。自粛警察と呼ばれる人たちは、安全でいたい、健康でいたいという「願望＝自分の正義」を脅《おびや》かされることが怖いために、視野が狭くなり、感染症の実情や他人の事情が見えなくなってしまうのでしょう。真面目に自粛している自分の正義を否定されたくないという願望もありそうです。

正義を口にしたくなるのは、自分の願望が脅かされることへの恐れから生まれるものだということがわかれば、そこで争う必要などなくなります。黙って自分の不安や恐れと向き合い、冷静に願望への対処を考えればいいのです。

争わなければストレスも減る

テレビの仕事をしている頃、何度もオファーをもらっていたのに、自分の中でこれだけは出るのをやめようと決めていた番組がありました。深夜から朝まで討論する有名な番組です。お互いに自分が正しいということを声高に主張し、相手を否定し合う、議論とはほど遠い内容が嫌だったからです。

視聴者は、論破というよりも、大きな声と矢継ぎ早の口調で誰かが誰かを打ち負かすところが観たいのでしょう。そんな討論ショーに自分が出ても何のプラスにもならないと思って、ずっとお断りしていました。

銀座でクラブ活動（笑）をしていた頃には、知らない男から「あんたの漫画はつまらない」などとからまれることもありました。学生時代だったら、正論をかざして相手を論破しようと思ったでしょうけど、「それは失礼しました。これからはもっと面白い漫画を描けるようにがんばります」とあしらって、その場を離れました。

最初から争うつもりがなければ、ムキになることもなく、ストレスを感じることもないのです。

『黄昏流星群』PICK UP STORIES②

「新星活を求めて」(第48巻収録) 2014年作

あらすじ

夫の浮気が発覚し、離婚を決意した小川昌代は、20周年の結婚記念日に結婚祝いでもらった磁器をすべて叩き割り、役所に離婚届を出した。

知らない町で気ままなひとり暮らしを始めた昌代は、ある日、歯が痛くなって近所の「たたら歯科クリニック」で治療を受ける。何度か通院するうちに、歯科医の鑪《たたら》純平がかつて妊娠した自分を捨てた男だと確信した。

なんとか恨みを倍返ししようと考えた昌代は、純平の人間観察を続け、やがて関係を持つことに成功する。ところがいざ接近してみると、過去の恨みが薄れていく自分に気づく。

クリニックの受付をしている女性は、家庭がありながら幾度となく純平に言い寄り、冷たくあしらわれたことで、急接近した昌代に嫉妬の炎を燃やす。激しい嫉妬は狂気となって殺傷事件へと発展してしまい、命を狙われた昌代は純平の前から去ろうと考えるのだが、彼に引き留められるのだった――

このストーリーで描きたかったのは、自立した女性の姿とプラス思考の大切さです。

主人公は、離婚後に自立した生活を始めてから、「今や夫の顔すら忘れてしまった」なんていうセリフもあって、自らを「嫌なことはすべて忘れることができるトクな性格の持ち主」だと言う「超プラス思考」の女性です。

そこまでのプラス思考にはなかなかなれるものではありませんけども、そういう生き方ができたらいいなと思いました。過去にどんなことがあったにしろ、いつまでも恨みを抱えていたっていいことは一つもないんですね。日本には「水に流す」という習慣がありますが、あれは日本人が大切にしてきたプラス思考ではないかと思います。

診察室の風景は、僕が治療を受けている歯医者で写真を撮らせてもらって描きました。そこは受付の女性と二人でやっている歯科医院で、実際にはそんなことはないのですけど、こういうことがあったら面白いなと思ってストーリーにしました。

主人公の女性の二重歯列という特徴が、一つの仕掛けになっています。あれは、駅伝で有名な女子選手がテレビのインタビューを受けている時に語っていたことで、その歯医者にどのような症状かを聞いて、ストーリーの中で使わせてもらいました。

第3章

やめてラクになる

13 「がんばる」のをやめる

ほどほどに「がんばる」

この章で取り上げる「ラクに生きる」ということは、働かずにラクをして生きるという意味ではありません。抱えなくてもよい余計なストレスを減らし、疲労が積み重ならないように注意して生きるということです。

みなさんは、がんばって何かをやり遂げた時の気持ちよさを知っていますよね。心地よい疲労というものを経験したことがない、という人はいないと思います。

しかし、60歳からの人生では、がむしゃらになって目標を達成するような生き方はできなくなってきますから、「がんばる」のもほどほどにしなければいけません。

問題は、自分では無理をしていると感じていなくても、ダメージを残してしまうことにあります。

ストレスはなくなればいいというものでもなくて、生きていくうえで適度なストレスも必要です。多少のストレスを抱えつつも、がんばって目標をクリアした時に得られる達成感や充実感は人生を豊かなものにしてくれるからです。やりがい、生きがいということにもつながりますよね。

年をとっても働ける間は働いていたいと思っている高齢者が多いのは、適度なストレスが刺激となって生活に張りを与えてくれるからでしょう。

ところが、その心地よい充実感を求めてがんばるあまりに疲労を感じなくなってしまい、知らぬ間に大きなストレスをため込んでしまう高齢者が増えているようです。「ランナーズハイ」という言葉を聞いたことがあると思いますが、気持ちがよいためにストレスに気づけなくなってしまい、身体的には疲労過剰の危険な状態になるのです。

仕事ではなくて、趣味に没頭している状態を考えるとわかりやすいかもしれません。楽しいことに熱中していると時間が経つのも忘れてしまい、気がついたらヘトヘトに疲れていたという経験はあるのではないでしょうか。

疲れを感じたらどうするか

僕はストレスというものをあまり意識したことがありません。

それは、今も漫画を描くことが好きで楽しんでいるからなのですが、それでもやはり、この年になると目が疲れたり、身体がすぐに凝ってきたりしてきます。

目が疲れれば休憩をとったり、背中が張ってくればストレッチをしたりして、身体的な疲労が積み重ならないようにしています。今では1ページも描き終わる前に目が疲れてきますから、たびたび休憩を入れて目を休めながら仕事をしています。

疲れを感じたら休憩して身体の状態の回復をはかるというのは、とても自然な行為だと言えますが、これができなくなってしまうと問題が起こるわけですね。

ストレス過剰に気づく三つのサイン

「飽きる」「だるくなる」「痛くなる」というのは、「このままの状態を続けていると身体が疲労して危険な状態になりますよ」という三段階のサインだと言いますから、これが認識できていれば早めに休憩をとって疲労を悪化させないようにできます。

だから、仕事の作業などは、「飽きる」「だるくなる」という症状が出たら、一にも二にも手を止めて、休憩をとるようにしましょう。

しかし、趣味など気持ちいいことや楽しいことで脳や身体を使っていると、脳内麻薬のようなものが分泌されてこのサインを感じられなくなると言いますから、時間を決めて定期的に休憩をとることも必要です。

とかく体力や回復力が低下する60代からは、早めの休憩でこまめに疲労回復をはかることが、心と身体をラクな状態に保ち、人生を長く楽しむコツだと思います。

14 「ストレスを気にする」のをやめる

ストレスは「消し去る」ことはできない

ストレスは、マイナスの感情が起こった時に脳が身体を守ろうとする防御反応なのだそうです。

マイナスの感情とは、「辛い」「悲しい」「痛い」「嫌い」というような感情で、その先に起こるであろう危険から身を守ろうとして、脳は筋肉を緊張させたり、心拍や呼吸を速めたりして酸素をたっぷり体内に取り入れ、臨戦態勢を作るといいます。

ストレス過多がうつ病や老化の原因になるのは、こういう体内の緊張状態が続いてしまうからで、これは脳の反応なのですから、自分では抑えることはできないのです。しかも、マイナスの感情が湧く出来事や記憶は、自分の意思とは関係なく現れるものなので、なくすことも消すこともできないわけです。

だから、「ストレスをなくす」とか、「ストレスを消し去る」という発想はやめたほうがいい。無理に忘れようとすれば、かえってストレスの原因を思い出してしまい、余計にストレスをため込んでしまいます。

この厄介なストレスという体内反応とうまくつきあっていくことが、60歳からの人生をラクに生きる秘訣の一つだと言えるでしょう。

普段からマイナス思考をする人は、わざわざ自分でマイナス感情を生んでいるのですから、ストレスをため込む傾向があります。

一方、徹底したプラス思考の人間は、普通の人であったらマイナス感情が湧くようなことも、すべてプラスに受け取るのでストレス過多にはなりにくいでしょう。何でも自分に都合よく考えられるからです。

僕もだいぶそれに近いところがありますが、完全にその境地に達するのはなかなか難しいですね。

ただ、徹底したプラス思考にはなれなくても、適度にストレスとつきあいながら、ストレスを軽減する方法はあるのです。

ストレスとどうつきあうか

それは、プラスの感情が湧くことに没頭して、ストレスの元になっているマイナス思考やマイナス感情を忘れさせる、ということです。プラスの感情とは、マイナス感情の反対ですから、「楽しい」「うれしい」「心地よい」「美味しい」といった前向きになれる感情のことです。

こういう感情が湧くことに没頭していると、脳はマイナス感情に気づけなくなります。プラス思考やプラスの感情が湧く行動を積極的にとることによって、ストレスの原因を忘れてしまうことができるんですね。何かを努力するとか、目標に向かってがんばるということではなくて、好きなことや気持ちいいことをすればいいのですから、難しいことは何もありません。

だから、プラスの感情が自然に湧いてくるような、没頭できる手段を一つでも多く持っているといいのです。

それは趣味であったり仕事であったり、緑の公園を散歩する、温泉に入る、マッサージを受けるといったリラクゼーションであってもいいですし、昔の写真を見て楽しい記憶を呼び起こすような回想法であったり、美味しいものを食べたりと、さまざまなことが考えられるでしょう。

没頭し、集中できる三つの時間帯

僕にとっては、ストーリーやキャラクターを考えたり、漫画を描く作業に没頭することがそれに当たります。

千年ほど前の中国で欧陽脩《おうようしゅう》という文人が言った言葉に「三上《さんじょう》」といわれるものがあります。文章を考えるのに都合がよいのは、「馬上《ばじょう》・枕上《ちんじょう》・厠上《しじょう》」の三つの場所で、馬に乗っている時、寝床に入っている時、便所に入っている時という意味です。

自分に照らし合わせてみたら、まさにその通りだと思いました。

ストーリーやキャラクターを考えるのは、ファミレスや喫茶店でランチをとりながらの場合もありますけど、新幹線や飛行機で移動している間、朝、目覚めて、布団に入ったまま天井を見ている時、トイレやお風呂につかっている時などにいいアイデアが浮かぶことが多いんですね。この時間はとても集中できるんです。

お風呂ではアイデアが湧いて没頭してしまい、頭を3回も4回も洗っていたことがありました。

ストレスを気にするよりも、自分が楽しく没頭できることを見つける。それができれば、余計なストレスに煩わされなくなるだけでなく、人生においていろいろなメリットがあるということです。

15「物忘れを気にする」のをやめる

無理に思い出そうとするより「脳にいい」こと

僕はよくスマートフォンに話しかけています。

といっても、ボケの症状が出てきたのではなく、スマホの音声認識機能を使って「検索」をするからです。

スマホを使うようになって一番便利だと思ったのは、この検索です。漫画にしてもこういった文章にしても、作っている時は調べたいことや裏をとりたいことの連続。どこにいてもネットですぐに検索できる便利さは素晴らしいですね。しかも音声認識してくれるんですから、話しかけるだけでいい。

50代になってくると物忘れが多くなって、「オレもボケてきたな」などと感じることもあるでしょう。「あの曲を歌っていたのは誰だったかなあ?」「餃子が美味しかった新橋の店は何という名前だったっけ?」なんて経験は誰にでもありますよね。

その時、無理に思い出そうとがんばっていませんか?

がんばって思い出そうとせずにすぐスマホの検索に頼ると、頭を使わなくなって脳機能が低下する。そう思っている人がいたら、それはどうも間違いのようです。

物忘れの正体とは

現在の脳科学では、記憶は脳内の神経細胞で作られる無数のネットワークによって保持されている、と考えられています。

記憶を定着させる情報ネットワークは、日々いろいろなものを見たり聞いたりして、どんどん新しいつながりが増えていく一方で、古いものはつながりが切れてしまうものが出てきます。どうも、これが物忘れの正体らしいのです。

思い出すという行為は脳内の検索であり、一度覚えたことを「忘れる」というのは、脳から情報がなくなったのではなくて、情報を引き出すためのネットワークのつながりが切れてしまって、検索できなくなっている状態というわけです。

そのため、ネットワークを作りやすい情報は記憶として定着しやすく、他の情報とつながりを持ちにくい情報は記憶として定着しにくいと言われているのです。

脳内検索をすればするほど、記憶力はよくなる

普通は何か思い出せないことがあったら、関連することや似ていると思える言葉などから探り出しますよね。記憶のつながりをたぐっていくわけですが、この作業に時間をかけても思い出せないことがあります。

でも、スマホで検索すればすぐにわかる。

しかも、わかった時に、スマホで調べたという事実やそれに関連する情報、場所、その時一緒にいた人のビジュアルなどで新しい情報のネットワークができて、記憶として定着しやすくなるようなのです。

新しい情報ネットワークができることで脳も活性化するのですから、思い出せないこと

を無理に思い出そうとがんばるくらいなら、すぐにスマホを取り出したほうがいい。スマホの検索機能は脳の老化も防いでくれるのです。

ボケ対策には、脳に刺激を与えることが何より効果的。

脳の神経細胞は年をとったら減り続けると言われていましたが、どうもそれは間違いで、記憶に深く関わっている海馬《かいば》という部位では、年齢にかかわらず神経細胞を増やせるということがわかってきました。つまり、年をとっても脳内検索をすればするほど、記憶力は高めることができるということです。

だから、少しくらい思い出せなくなったからといって、悲観的になる必要はまったくないということ。そんな心配をするくらいなら、どんどんスマホの検索機能を活用したほうがいいのです。

16 「いい人」をやめる

「いい人」と「魅力がある人」の違い

「課長 島耕作」に登場した中沢部長は、「理想の上司像」なんていうランキングでトップになったこともありました。

部下が失敗した時には責任をとる、自分の部下は守る、何があっても動じない器の大きさを持っている、常に前向きな姿勢、それでいてクールな判断を下す経営能力まで兼ね備えているのですから、完璧な上司と言えるかもしれませんね。だからこそ、社長まで上り詰めるわけです。

しかし、僕は彼を完璧な上司であり有能なビジネスマンとして描いていても、完璧な人間としては描いていません。

あえて読者が想像する糊代《のりしろ》を残し、家庭のことは描かなかったのですが、ホステスとの間に生まれた息子が登場し、最期も愛人宅が舞台です。漫画の世界ですから、幸せな家庭と仕事を両立させるような完璧人間を描くことだってできるのですけど、それでは人間的な魅力に欠けるんですね。

「いい人」と「魅力がある人」は必ずしも一致しないのは、みなさんも感じていることだと思います。漫画を描いていても、「悪い人」や「不良」のほうが、魅力的に描きやすい。一時期流行《はや》った「ちょい悪オヤジ」なんていうのも、誰しもが不良に魅《ひ》かれる部分をくすぐる存在でしょう。

「いい人」とは他人基準

いつだったか、「人望というものは錯覚に過ぎない」という文章を書いたことがあります。「いい人」が誰からも好かれるというのは思い込みだから、「いい人」を演じるのはつまらないことだと言いたかったのです。

いつでも相談に乗ってくれる、誘ったら断らない、頼み事を聞いてくれるといった「いい人」は、便利だから人が集まります。

でも、誘いを断ったり頼まれ事を断ったりして、便利な存在でいることをやめると、「いい人」ではなくなってしまうわけです。

そうなってみて、自分の周りに人が集まっていたのは、人望があったからではなくて都合のよい存在だったからだと気づく。「いい人」というのは、まわりの人間の願望を満たす存在なのですね。

性格がいい人、人の気持ちがわかる人、誠実な人、優しい人。ひと言で「いい人」と言っても、それこそいろいろなタイプがあるわけですけど、「いい人」が必ず好かれるとは限りません。

「あの人は、いい人なんだけどねぇ……」という言い方をする時は、相手にとっての願望が満たされていないわけです。「こうあってほしい」「こういう人でいてほしい」という願望がなければ、その人が「いい人」であろうとなかろうと、どうでもいいはずなのですから。

つまり、「いい人」かどうかというのは、自分ではなく、他人からの基準ということなんですね。

60歳からは自分にとっての「いい人」を目指す

みなさんの職場にも、部下から「人望が厚い、いい上司」として慕われている人がいるのではないでしょうか。でも、そういうタイプの人は、「いい人」を演じているだけなのかもしれません。

もちろん、サラリーマンであれば、多かれ少なかれ本来の自分とは違う人間を演じているところがあると思います。部下の気持ちをつかむために演出があってもいい。人から嫌われないということは、仕事をうまく運ぶためにも、敵を増やさず安全に生きるためにも大事なことです。

でも、60歳からの人生では「いい人」を演じるのはやめたほうがいい。エネルギッシュに突き進んでいる時期は免疫力も高いから苦水《にがみず》を飲んでも排出できるのですが、新陳代謝が落ちてくるとダメージが大きくなって、なかなか回復できません。

だいぶ前から、メンタルケアを扱う本では、人から好かれようとするのをやめてラクになろうとか、完璧主義をやめてストレスを減らそうといった「いい人をやめよう」という流れが出てきています。「いい人」を演じることがストレスの要因になるからよくないと言っているわけです。「いい人」を演じ続けると、自己否定につながって自分のことが嫌いになってしまうこともあります。これは、うつ病の原因にもなります。

どんなに他人から好かれていたとしても、自分のことが嫌いだったら幸せな人生は送れません。

だからこそ、60歳からの人生では、誰かの願望を満たすための「いい人」であろうとするのはやめて、自分の幸せのために生きたいですね。

これまでさんざん誰かにとっての「いい人」を演じ続けてきたのなら、これからは自分にとっての「いい人」を目指しましょう。

17 「欠点を気にする」のをやめる

「欠点は個性なんです」

料理関連のテレビ番組が好きでよく観るのですけども、『吉田類の酒場放浪記』は10年以上前から大ファンで、最近は玉ちゃん（玉袋筋太郎）の『町中華で飲《や》ろうぜ』が面白い。『土井善晴の美食探訪』も好きな番組でした。

土井さんには、以前やっていた文化放送のラジオ番組に2度出演していただいたことがあり、2回目は土井さんのキッチンスタジオにお邪魔して、それぞれの鍋料理を作るという楽しく美味しい企画でした。

以前、その『美食探訪』を観ていたら、「欠点は個性だ」という、とてもいいフレーズがあったので、スマホに音声メモしました。

土井さんがアシスタントのはしのえみさんと、東京・神田の蕎麦屋さんで蕎麦を食べるシーンで、店主が「もともと蕎麦という植物は、土地が痩せていて米や野菜が作れないところに植えたものなのです」というような話をしたんですね。

土壌が悪い土地の欠点を補う目的で広く植えられたことによって、日本でこれだけ蕎麦が食べられるようになったということなのですが、その店の美味しそうな田舎蕎麦を食べた土井さんは、目を細めて味を堪能し、「欠点は個性なんですよ」と言われたのです。そこで、「その通り！」と思ってメモしたわけです。

長所も短所も、しょせん思い込みでしかない

欠点や短所を個性ととらえるプラス思考には、度量の広さを感じます。

何が長所で何が短所かということは、その人間の価値観によって判断されるものです。

それなら価値観というのはどうやって形成されるのかといえば、生きてきた環境や経験によって生まれる「思い込み」であり、経験を積むことで変わるものなのです。

思い込み自体は悪いことではありません。いい思い込みもあれば、悪い思い込みもあるのですから、うまくつきあうことが大事なんですね。ストレスを生むようなマイナス思考は思い込みですけども、ストレスを忘れさせるプラス思考もまた思い込み。自分を信じるということだって、言ってみれば思い込みです。

しょせん思い込みなのだから、自分の欠点に思い悩んだり、あるいは、他人の欠点だと思えることを責めてみたり、自分の価値観を他人に押し付けるのはやめたほうがいいわけです。

だいたいからして、人間の価値観なんてちょっとしたことで変わるもの。

綾小路きみまろさんの漫談に出てくるような、子育てをしている間は脇目も振らずにがんばっていたから考えたことがなかったけど、夫婦二人に戻ってみたら、なんでこの相手を選んだのかわからない。悔やんでみても時すでに遅し。なんていう笑い話もありますよね。

逆に、ちょっと見方を変えるとか、受け取り方を変えたら、欠点だと感じていたことが魅力に思えるようになったというのも、よくある話です。

「あばたもエクボ」「恋は盲目」などという言葉は、人間の価値観がいかにいい加減なものかということを示しています。

仕事を定年退職したり、趣味や地域の活動に参加するなど、新しいコミュニティに属した時、もっとも嫌われるのは、自分の価値観を他人に押し付けようとするタイプ。そういう人は、価値観が自分の思い込みだということに気づいていないんですね。

そうならないためにも、まずは、自分のであれ、他人のであれ、「欠点にこだわる」のをやめること。自分の思い込みという価値観に振り回されない度量の広さを身につけておきたいものです。

18 「モノをため込む」のをやめる

モノは絞り込むほど価値が上がる

みなさんにとって、ラクな空間とはどのようなものでしょうか。

何もない部屋が落ち着くという人もいれば、使い慣れた道具や趣味のグッズに囲まれていると落ち着くという人もいるでしょう。

長い間生きていれば、どうしても持ち物が増えてきます。今の自分に必要ないモノとわかっていても、なかなか捨てられない。その結果、モノがあふれて収納スペースが足りなくなったり、部屋にモノが散乱してしまっている、という人が多いのではないでしょうか。

断捨離なんて言葉が流行り、リサイクルショップやトランクルームが増えたこともあって、生活空間をスッキリさせたいと考えている人が多いようですが、一方で、60歳くらいになって先の人生を考えるようになると、老後のためにとっておきたいとモノをため込む人も増えるようです。

でも、そういうことを考えるようになったら、もうすでに老後だと思ったほうがいい。「いつか使える」と思っても、60代、70代になっていくと、「いつか」と言ったって先があまりないわけです。

だから60歳からの人生では、ため込むのをやめて、できるだけ身軽になったほうがいい。愛着や思い入れがあるモノでも、思い切って捨ててみるとスッキリして気持ちいいものです。


長い間生きていれば、どうしても持ち物が増えてきます。これは、自分が生きてきた証として思い出を形に残しておきたいという心理と、何かあった時に備えてモノをためておこうとする本能的な心理が影響しているんですね。

とくに思い出の品は、それを捨てたら自分の過去がなくなってしまうような気がして、なかなか思い切れないものです。

でも、生きていれば思い出は増えていくものなので、本当に大切にしたい思い出の品は、むしろ絞っていったほうが、一つひとつの思い出の価値が上がるんですね。

日本人の「省く美学」を見直す

日本人には「省く美学」というものがあります。

能や茶道などに見られるような無駄をそぎ落として簡素化する美しさもあれば、江戸時代の浮世絵師がやった「一色抜き」という技もある。「一色抜き」は、この色を加えれば完璧になるというところで、あえてその色を加えずに「間《ま》」や淡さなどを引き出すものです。

僕も、この「一色抜き」を意識して漫画を描くことがあります。あえてスペースを埋めつくさずに余白を大事にして、間を強調するようなことですね。

その手法以外にも、すべてを説明せず、読者に想像してもらうようなストーリー展開にすることなどもやっていますから、自分も日本人で、こうした「省く美学」のＤＮＡが受け継がれていることを感じるのです。

こういった日本人の「省く美学」は、「引き算」に例えられます。付け加えることよりも、そぎ落とすことで価値を見いだす文化がありますよね。和食などは、典型的な引き算の文化だと言えるでしょう。

洋食も中華料理も、ソースや調味料にこだわる「足し算」の料理。野菜、肉、魚といった素材に味を加えていって、一つの世界を作り上げるわけです。

しかし、和食はあくまでも素材が持っている美味しさを引き出すために必要ない部分を省いたり、アクをとったりと引き算がメインで、加える作業は塩を振って焼くだけ、出汁《だし》の旨みを移すだけ、というように極力抑えることが「いい仕事」とされるのです。

足し算の料理には足し算でしか生み出せない美味しさがありますから両方楽しめばいいのですが、日本人が毎日食べても飽きないのは、素材の味を引き出す和食ですよね。食文化においても、加算より減算を美徳とするＤＮＡがあるわけです。

スッキリ人生を生きるのに不要なモノ

だから、日本人は何事もスッキリさせると気持ちがいい。

若い頃はスケジュール帳をびっしり埋めるのが気持ちよかったという「元モーレッ社員」も、年齢を重ねてきた今はスケジュールを絞り込む、さらにはスケジュール帳など持たない、なんて生き方のほうが気持ちいいと感じるのではないでしょうか。

持ち物も同じで、モノはため込まずに減らす、入れ替えるという引き算の発想に変えると、気持ちも生活もスッキリ、ラクになるはずです。

いまだにスケジュール帳が埋まっていないと不安になる、非常時に備えて多くのモノを持っていないと不安になるという人は、この機会に勇気を出して引き算の生き方に変えてみてはいかがでしょうか。

不安だからスケジュールを埋める、不安だからモノを持つというのは、じつはストレスの原因を増やしているだけ。逆に、不安な気持ちがあったらスケジュールを減らす、持ち物を減らすという発想をしてみるくらいでいいのです。

19「服をとっておく」のをやめる

生活空間と心に余裕を生み出すためのルール

何歳になっても身だしなみには気を使いたいもの。

しかし、持ち物の中でとくに空間を圧迫するのが衣服ではないかと思います。ファストファッションの店舗が増え、ネットショッピングでいつでも欲しい服が安価で手に入るようになった今、ますます服は増えやすいアイテムになっているのではないでしょうか。

60歳を過ぎると、若い頃に比べたら行動範囲も絞られ、たくさんの服をとりそろえておく必要性は減るはずです。スッキリとした気持ちいい空間で生活していくためにも、また、生活自体をダウンサイジングしていくためにも、服をできるだけ減らしていきたいですね。

僕の場合、「1枚買ったら、1枚捨てる」ということを実践して、服が増えないようにしています。ただ、それだと服が今以上に増えることはありませんが、減ることにもなりません。

服を減らしたいと思っている人なら、「3枚買ったら、5枚捨てる」といったルールを課してもいいかもしれません。これを守れば、服は確実に減っていくはずです。

高い服はこうやって処分するとスッキリ!

悩ましいのが、高いお金を払った服でしょう。

僕が始末に迷ったのは、ずいぶん前に買ってほとんど着ていないブランドもののスーツでした。一時期、銀座の和光でアルマーニの服を買っていました。

仕事が忙しくてなかなか時間がとれない中で、和光に行けば僕のことをわかっている担当がいて、僕のパターンもあるので、いちいち寸法などとることなく「夏物でよさそうなのを」だけで済んでしまう。

それだけで、後日、ビシッと仕立て上がったスーツが届きますから、もともと服には無頓着であった僕からするとすごく便利だったんです。

アルマーニの服は生地《きじ》がとても体に馴染《なじ》むので好きだったのですが、ちょっと着ただけでクローゼットに置いたままのものがあった。スーツのデザインは年々変わっていますから、何年か経ったものは「もう着ないだろうな」と思う。でも、それなりに高いお金を払って買ったスーツだし、捨ててしまうのももったいない。

それで一度は仕立て直して着たこともありましたが、時間がない中ではそれもまた手間だし、料金もかかる。

結局、何着かのスーツは思い切って捨てることにしました。その際、未練を断ち切れるようにと、生ごみと一緒の袋に入れました。さすがに、生ごみと一緒に入れられたスーツは、もう取り出す気にならず、キッパリとあきらめがつきました。

我ながら思い切ったことをしたと思いますが、いざ捨ててみると気持ちがスッキリして軽くなったものです。

20 「本、DVD、CDをとっておく」のをやめる

〝それでも〟手元に置いておきたい本・映画・音楽とは

本や音楽CD、映画のDVDなどは、「観たい、聴きたいと思った時にないと困るから、手元に置いておきたい」という人間の心理をくすぐるので、ため込みやすいアイテム。

これも、思いのほか場所を取って生活空間を圧迫するものですから、思い切った引き算でスッキリ生活を目指したいものです。

みなさんが育った時代には、百科事典や文学全集などが本棚にズラッと並んでいる家が多かったのではないでしょうか。ああいうものは、もう必要ありませんよね。

かつては貴重な資料であった百科事典も、今や簡単にネットで調べられるし、文学全集

などは自分で持っていなくても、必要な時に図書館で借りればいい。

それに、今や本はいつでもネットで買うことができますし、電子書籍であれば場所もとりません。家の本棚に並べておく必要性は限りなく低くなりました。

音楽でも映画でも、インターネットさえ使える環境だったら、好きな時に好きな作品を鑑賞できます。わざわざ手元に「モノ」として置いておく必要はなくなったんですね。

ただしこれも、思い入れの深い作品や、貴重な思い出が詰まったレアアイテムなどだったら、それはそれで大切にしたらいいと思います。思い出の品と一緒で、絞り込むことによって、より貴重なものになるからです。

すぐに増えるからこそ、思い切って捨てると効果バツグン！

僕の場合、すぐに増えてしまうのは本と映画関連メディアでした。どちらも漫画のストーリー作りに欠かせないアイテムなので、処分しなければどんどん増え続けてしまいます。

本は、資料として自分で買うだけでなく、出版社から送られてきたりしてすぐに増えるので、定期的に処分するようにしています。困るのは、初版本に著者のサイン入りで送られてくる本。これはさすがに捨てるわけにいかないんですよね。

子どもの頃から好きだった映画からは、章末の「ＰＩＣＫ ＵＰ ＳＴＯＲＩＥＳ」でも紹介しているように、漫画のストーリーや演出面で大きな影響を受けています。言葉は悪いかもしれませんけど、「パクった」ものから「ひねった」ものまで、アイデアのもとになったものは数え切れません。

だから、ＶＨＳテープが普及し始めた１９７０代終盤には、好きな映画を手元に置いておけることに歓喜したものです。

ところが、ＶＨＳテープからレーザーディスクとなり、ＤＶＤとなり、さらにはブルーレイディスクと、映像のメディアは目まぐるしく変わってきました。ＤＶＤで簡単に自宅で録画できるようになると、大量にたまったＶＨＳテープを見て無用の長物だと受け入れるまでに少し時間がかかりましたけど、思い切って捨てたらテレビまわりがなんとスッキリしたことか。

今後ますます残しておく必要性がなくなる

今や録画するにしてもDVDなどに残す必要はありませんし、観たい映画はたいていインターネットでオンデマンドでいつでも観ることができるのですから、録画する必要さえありません。

映画大国のアメリカでは、そもそも映画館で上映されるものよりネットフリックスで公開される映画が主流になっているくらい、インターネットとエンターテインメントは融合しています。

読みたい本は電子版で買うか、図書館で借りてくればいいし、映画はインターネットで観ればいい時代。この傾向はますます進んでいくはずです。どうしてもコレクションしておきたい趣味のアイテムや、貴重な思い出の品以外は処分しても、まったく困らない時代になったのです。

21 「年賀状」をやめる

僕はこう伝えて年賀状をキッパリやめた

今、多くの中高年が惰性で続けていて、負担に感じているものの典型が年賀状でしょう。

Ｅメールがある中で育ち、ＳＮＳでつながっていることが当たり前である若い世代は、そもそも年賀状をやり取りする習慣がなくなってきているといいます。

しかし、50代以上なら、組織における立場上、欠かせない挨拶として年賀状を出してきたという人が少なくありません。ただ、60歳を過ぎて、そのまま慣習的に年賀状のやり取りを続けることが、はたして今の時代に必要なことなのだろうかと疑問を感じている人が増えているようです。

僕は、惰性で続けている気持ちの介在しない年賀状など、やめてしまったほうがいいと思います。

僕自身は、もう20年以上も前に「年賀状は書きません」と宣言してから、一切書いていません。

もともと漫画家の仕事は、合併号などで忙しくなる年末進行というものがあって、年末にゆっくり年賀状を書いている時間などないのですが、それでも寝る間を惜しんで書いていた頃もありました。

どうやめるとカドが立たないか

ところが、印刷物で一筆も加えていないような年賀状が増えてきたうえに、携帯電話やメールなどのツールでいつでも連絡がとれる時代になってきたのだから、そこまで大変な思いをしてやるほどのものでもないと思ったわけです。

昔は芋版やら手描きの絵やらと、その人が毎年どんな趣向を凝らしてくるのか楽しみな年賀状も多かったのに、家族で撮った写真や生まれた子どもの写真なんかを簡単に自宅でプリントできるようになったあたりから、つまらないものになりました。

近年は、売上減少に対処するため、郵便局までがテレビで「年賀状は丸投げで！」なんていうCMをやっていますけど、挨拶という行為の本質を考えろと言いたい。

気持ちが表れていないもの、気持ちが伝わらないものは、挨拶として意味がないのです。

あなたが送るのをやめても、今まで年賀状を送っていた人からは送られてくるかもしれません。

そんな時は、年賀状に「今年が最後の年賀状です」などと書くのも変ですから、年賀状をやめる年の瀬に、電話やメールで連絡する機会があったら、「今年からは年賀状をやめました」と宣言しておけばいい。

あるいは、年が明けてから電話やメールで、「年賀状ありがとうございました。どうぞ本年もよろしくお願いいたします。私は字を書くのもつらくなってきたので、今年から年賀状はやめました」などと気持ちを伝えればいいのではないでしょうか。

22「お中元・お歳暮」をやめる

「贈らない、もらわない」関係の作り方

お中元やお歳暮も、惰性で続けるのは反対です。

サラリーマンには、スムーズな関係を維持するために付け届けをしておきたい相手というのもいるはずです。ただ、いつしかもらったから贈り始めて、それが続いているという相手もいるでしょう。

お世話になった人に感謝の気持ちを込めて贈り物をするのはいいことです。ただ、それだったらそう思った時に贈ればいいのであって、お中元だ、お歳暮だと商業ベースに乗る必要性を僕はまったく感じません。

これは60歳を過ぎて収入が減っていく生活においては、大きな負担になる行為。以前より関係が薄くなったから価格の安いものにしたとしても、じつのところは負担に感じていて、できればやめたいと思っている人が多いと思います。

そのためにも「贈らないし、もらわない」という関係を早く作って、お互いにラクな生き方をしたほうがいいですね。

60歳になったとか、定年になったとか、職場が変わったというタイミングは、そういう負担になることをやめるチャンス。それをそのまま理由にすればいいと思います。「今年還暦を迎えて」「定年を迎えて」「仕事が変わり」、「生活を縮小していきたいと思っております。ついては、長らく楽しませていただきましたお中元やお歳暮ですが、お互いにこれにて打ち止めといたしましょう」と書状を添えて最後にすればいいのではないでしょうか。

贈っていないのに、もらってしまった時には

自分からは贈るのをやめたのに、贈られてしまうとお返しをしないわけにもいかず、そ

れが繰り返されてなかなか断ち切れないというケースもあります。

実際、僕のプロダクションでもやめたいのですけど、いただいてしまうと仕事上の関係もあってお返しをしないわけにもいかず、続いてしまっている相手がいます。

僕の場合は、今も現役で同じ仕事を続けていますから、そうせざるを得ないところもあるのですが、仕事が変わったり、関係が希薄になったりというタイミングがあったら、お互いに贈答をやめましょうと提案したらいいと思います。

相手によっては、関係を絶つようで寂しいイメージを持たれる可能性もあります。そういう場合には、お返しの品を贈る時に「私も仕事の状況が変わりましたし、お互いに負担になりますから、今後はやり取りをやめませんか？」という手紙を添えておけば、カドを立てずに意向を伝えることができるはずです。

23 「葬儀に出る」のをやめる

葬儀に参列しなかった松下幸之助さん

最近は有名人でも、葬儀は近親者で済ませるケースが多くなってきました。お寺とのつきあいが問題なければ火葬場でお別れをして済ませ、通夜や告別式をやらない家族葬というスタイルも増えてきています。

これは、とてもいい傾向だと思っています。新型コロナの時代、こういうスタイルはますます増えていくでしょう。

おめでたいことを人が集まって祝うのはいい。でも、負担に感じているかもしれない人たちを大勢集めて葬儀を執り行うのは、僕はあまり好きではありません。故人を偲《しの》んでどうしても集まりたいという人が多いのだったら、心が伝わるお別れ会を会費制でやればいいいと思いますね。

松下幸之助さんは、葬儀に参列しないことで知られていました。

その理由は、通夜や告別式は急に執り行われるもので、親族が大変な思いをしているのだから、そのような場に行って煩わせたくないということと、健康で快活だった時のイメージを大切にしたいから、棺に横たわる故人の顔を見たくないということだったといいます。

まったく同感させていただく内容なのですけども、僕の場合は、人間関係や人づきあいの要《かなめ》は「気持ちを伝えること」だと思っているので、世間体のために形式的に冠婚葬祭を執り行うという姿勢が好きではないという点も大きいです。

形式よりも気持ちを伝えることのほうが大事

結婚式はほとんどの場合、案内状を送る前に相手と連絡をとって確認しますが、葬儀の場合は急なことですから、通夜と告別式のスケジュールが関係者からメールやファックスなどで突然送られてくることが多いですよね。

いきなりなので時間的な余裕がなかったり、香典を用意するのが大変だったりしても、案内を無視するわけにもいかず、喪服の準備をするという人が少なくないはずです。

お世話になった人の葬儀に参列して感謝の気持ちを表したい、恩人の遺族にお悔やみを伝えたいというのであったら、何も迷うことなく駆け付ければいい。気持ちを伝えるとはそういうことです。

でも、案内をもらったから仕方なくお通夜に行く、みんなが行くから焼香に行く、香典は足並みそろえて、というような半ば義務のように参列する葬儀は、自分に対して60歳になったからという理由づけをして、やめたらいいと思うのです。

24「終活」をやめる

僕が死んだ後は「好きにしてくれ」

僕自身は宗教的なことが好きではなくて、身内の墓参りにすら行かない人間ですから、自分の死後のことなど考えたことがありません。人間は死んだらそこで終わり。天国も地獄もなし。葬式も嫌いで、戒名やお墓に大金を使うのは馬鹿らしいことだとさえ思っています。

「終活」が流行になってから、葬式をどうするか、お墓や戒名をどうするかといった自分が死んだ後のことまで細かく指定する人が増えているようです。その多くは、残った家族が困らないようにしておきたいという心づかいからくるものでしょう。

自分の人生を締めくくることを書き残す（あるいは、言い残す）終活は、悪いことではありません。この本だって、考えてみれば半分くらいは終活につながる要素で成り立っているといえます。

終活に関するインタビューを受けた時、60代になってから年賀状を書く習慣をやめて、その代わりに、正月に遺言を書いている知人を紹介したことがあります。彼は家族が困らないようにと、終活として、自分の意思を伝える遺言を毎年作成していたのです。

ちなみに、彼が毎年遺言を書き換えていることを知ったら、親族の態度が変わったという笑い話もあります。次男の態度がよくなったから、やっぱり○○銀行の預金はアイツに譲ろう、などと書き換えるからです。

僕は、葬儀もお墓も戒名も必要ないと思っていますけども、だからといって、とくにやめろと書き残すこともしていません。死んだ後のことは家族が好きなようにしてもらって構わないと思っているので、下手に何か言い残して、少しでも面倒はかけたくないのです。

だから、家族のことを考えるのだったら、遺言状などにお墓や戒名のことなどをあまり細かく指示を残しておくのはどうかと思っています。

言い残すのは、「好きにしてくれ」のひと言でもいいと、僕は思っているくらいです。

大事なのは残された家族に迷惑をかけないこと

宗教を大切にしている人に意見するつもりはありません。ただ、葬式を商売にしている日本の仏教に同調したくない気持ちはあります。日本の葬儀は、お寺が葬式仏教になったところから型にはまって、おかしなことになってきたと思うんです。大金を払ってお坊さんにつけてもらう戒名、法名、法号なんていうものが広まり、葬儀には香典を持っていって香典返しをもらうというのが常識になっています。

戒名というものは、本来の仏教では、出家をした者に偉いお坊さんが授けた名前だったはずですが、日本でだけなぜか、極楽へ行くためには戒名が必要だという妙な理屈から、死んだ人間につけるようになったものです。

別に資格が必要なものではありませんから誰が考えたっていいのですが、お寺ではお墓にお骨《こつ》を入れる条件として戒名が必要ということになり、さらには金額でランクづけをするようにもなったわけです。だから、お墓がお寺ではなくて共同墓地や施設墓地だというなら、別につけなくてもまったく問題ないのです。

生前の名前は「俗名」などと呼ばれていますが、著名な作家や芸能人の中には、戒名など必要ないと言い残し、氏名や梵字《ぼんじ》（古代インド文字）などを墓石に刻んでいる人も多くいます。

作家では、永井荷風、菊池寛、坂口安吾らの墓碑には戒名がなく、近年の俳優では、渥美清、三國連太郎、神山《こうやま》繁らが「戒名不要」を言い残しています。

人生を楽しんで、自分のために生きた最後に考えなければいけないのは、自分のお墓や戒名の心配ではなくて、残る家族のこと。

自分の死を受け入れることが前提である「終活」のプライオリティは、何より家族に負担をかけないことだと思うのです。

『黄昏流星群』PICK UP STORIES③

「我が星の果てるまで」（第8巻収録）1998年作

あらすじ

妻の実家である縫製工場の社長として、自分のすべてを注ぎ込んで働いてきた60代の佐竹は、胃ガンで余命半年だとの宣告を受け入れると、会社も家庭も放り出して旅に出た。旅の目的は三人の人間に会うことだ。まず、高校時代の恩師である片岡。自殺したという彼の妻の仏壇に線香を灯しながら、佐竹は若い頃に彼の妻と一度だけ犯した過ちを、片岡が知っていると確信する。そんなそぶりを見せない片岡と、今生《こんじょう》の別れを済ませた。

次に大学時代の親友、友広泰三を訪ねたが、経営していた観光ホテルは人手に渡っており、彼の実家を訪ねてみると、そこでは泰三の葬儀が行われていた。

三人目は高校時代のマドンナ、鷹取美智子。佐竹は小料理屋を営んでいた美智子を訪ね、男女の仲になるが、彼女に金を無心される。不信感がよぎる中で口座から500万円を引き出して美智子に渡すと、彼女は100万円だけを受け取り、その100万円もいずれ返済する意思を見せた。佐竹は残りの金で美智子と温泉旅行三昧を決め込み、やがてそれも飽きて二人で生活を始めたのだが、なんと、余命半年の佐竹の身体に変化が起こっていた――

このストーリーは20年以上前に描いたものですが、当時すでに、ストレスを軽減すると免疫細胞が活性化することや、涙と一緒にストレスホルモンが排出されることがわかっていました。ストレスケアをして心の負担を減らしたら、ガンが消滅したという事例もあったのです。楽しいことや心地いいことを積極的にするだけでなく、泣いたり笑ったりといった感情を素直に出すことも、ラクに生きるコツだといえます。

主人公はラストで会社を継がせた息子に「何でもあまり深く考えない方がいい」とアドバイスするのですが、あれも生き方のコツを伝授しているわけです。「いい加減」という言葉がありますけども、何でも突き詰めずに「良い」加減で生きたほうが心にも身体にもいい。

ロードムービーのようなこの漫画のスタイルは、ジャック・ニコルソン主演の『アバウト・シュミット』や、老人が猫と旅する『ハリーとトント』、小津安二郎監督の『東京物語』などから、ヒントをもらっています。また、何首か掲載している短歌は、僕の高校時代の恩師である故・山本真喜雄さんが、奥さんを亡くされてからの心境を読んで送ってくれた歌です。生前に許可をいただいて使わせてもらいました。

第4章

やめて楽しむ

25 「常識にとらわれる」のをやめる

その「常識」、ただの「思い込み」かもしれない!?

人生の楽しみの中で、飲食が占める割合は大きいですよね。

絶品の料理に舌鼓《したつづみ》を打ち、大好きなお酒を心ゆくまで味わう。まさに至福の時間です。

それぞれの食品、料理、お酒には美味しくいただくための「常識」があります。それを知っているとより味わいが深くなるし、知らないとせっかくの美味しさを堪能できない。そんな常識です。

ところが、「常識」という観念にとらわれて、本当はもっと楽しめるのに損をしていることも多い。それどころか、そもそも「常識」だと思っていることが、ただの思い込みに過ぎないケースもじつはあるのです。

２０１７年に上梓した『男子の作法』（ＳＢ新書）は、タイトルからわかるように、池波正太郎さんの名著『男の作法』へのオマージュとして書いた本です。『男の作法』を初めて読んだのは、『課長 島耕作』の連載を始める少し前だったでしょうか。蕎麦の食べ方などは、「なるほど！」と納得して真似して食べてみたものです。

平成になって「一億総グルメ」などと言われる時代になり、蕎麦つゆに全部浸して食べるような食べ方は通じゃなくて、箸でたぐった蕎麦の下半分だけをつゆにつけるくらいが正しい食べ方だというような風潮がありました。それで、どこの店へ行ってもそうやって蕎麦を食べるのが「粋だ」「通だ」という勘違いをしてしまった人が多いんですね。それが常識だと思い込んでいるわけです。

あれは、『男の作法』にも書いてありますけど、つゆの味が濃い店ではそうやって食べたほうが美味しいという話なんです。江戸の三大蕎麦と呼ばれる系統の一つである「藪《やぶ》」は、つゆが濃くてしょっぱいのが伝統なんですが、そういうつゆにどっぷりつけたら塩辛くなってしまうので先だけつけるくらいがちょうどいい。つゆが薄い場合はどっぷりつけていいんだと池波さんも書いています。

大事なのは、蕎麦の味と香り、つゆの味と香り、そのどちらも楽しめるバランス。だから、一度口にしてみないと、その店の蕎麦を美味しく食べる方法はわかりません。もっと美味しく食べることができるのに、本質を理解していないから損をしているわけです。

通ぶると、本当の美味しさがわからなくなる

僕自身、いつの間にか常識という観念にとらわれていたことに気づき、より飲食を楽しむために改めたことがいくつかあります。

ピザといえば、手でとって食べるのが常識だと思っていませんか。

いつだったか、ミラノでピザを手づかみで食べていたら、デートで来ているような地元の若いカップルが、ピザをナイフとフォークで器用にクルクルッと巻いて食べているのを見て驚きました。よく見たら、イタリア人はだいたいピザをナイフとフォークで食べる人が多いのに気づきました。

それからは、日本でピザを食べる時も、ピザをクルクルッと巻いてナイフで切って、

フォークで刺して食べるようにしているのですが、日本の店でやるとよく変な目で見られます。てやんでぇ、これがミラノ流だい！

でも、これが手も汚さないし、行儀のいい（？）食べ方らしいですから、本場のマナーに興味がある人は、一度試してみてはどうでしょう。

ワイングラスの持ち方は、目から鱗が落ちる思いでした。日本人はワイングラスのステム（脚）を持つ人が多くて、僕もかつてワインを飲み始めた頃には本を読んで、手の温度がワインに伝わらないようにステムを持って飲んでいました。

ところがフランスへ行って、シャトーやレストランを回ってみると、多くのフランス人がグラスのボディを持っていたのです。そこで、なぜボディを持つのか聞いてみたら、返ってきた答えが「このほうが持ちやすいから」。

ステムを持つのはテイスティングの正しい作法だけども、ワインを楽しむのにそんな形式ばった作法は必要ないというのです。いろんな国に行ったのですが、ほとんどの国でボディを持っています。宮中晩餐会でアメリカの歴代大統領も、テレビで見たらみんなボディを持っていました。

「国産が一番うまい」の落とし穴

もう一つ飲食関係で鵜呑みにしてほしくないのが、食材の国産至上主義です。

僕は鯖《さば》の塩焼きや味噌煮が好きで、よくプロダクションのまかない飯でも作るのですが、スーパーなどで売っている鯖はノルウェー産を選びます。

冷凍されて輸入したものだから国産の鯖より味が落ちるのではないかと思われがちですが、ノルウェーの漁業の在り方を知ると、一番美味しい脂が乗った時期に制限した量を獲って冷凍しているから、安くて美味しいということがわかるんですね。国産の鯖は周年捕獲するので、寒い時期以外はパサパサして、冷凍ものの安価なノルウェー産より劣ります。

グルメを自認している人ほど、こんな思い込みで楽しみの幅を狭めてしまっていることがあります。

食生活を自由な視点で見直してみると、うれしい発見があるかもしれません。

26 「夫婦旅行」をやめる

時間ができたら、「夫婦二人で大人の旅」という幻想

日本式の行き届いたサービスで客をもてなす老舗旅館や、情緒あふれるリゾートホテルなどでゆっくりと時間が流れる大人の旅は、非日常の中で命の洗濯をするようなものです。『男子の作法』では、旅館に滞在する際の心付けの渡し方なんていう話も書きました。こういう贅沢な旅は、気の合う仲間よりも夫婦二人で楽しみたいと考えている人が多いのではないでしょうか。

60歳を過ぎて時間に余裕ができたら、「やっと夫婦で大人の旅を楽しめるようになる」と思っている人が多いのですが、すぐにこれが幻想だったと気がつきます。奥さんのほう

は8割以上の確率で、夫と二人で旅行に行きたいなんて思っていません。

そんなお金があったら、仲のいい友人たちと温泉にでも行きたいと思っているはずです。そのほうがどれだけのんびりできることか。長年連れ添った奥さんという存在は、基本的に家から解放されたがっていると思ったほうがいいでしょう。

なかには豪華列車の旅なんかに参加する年配のご夫婦もいるでしょうけど、それで奥さんも楽しんでいるというケースは稀だと言っていいと思います。だからといって他の女性と行けば、それはそれで問題が起きるわけですが。

夫婦二人旅より「未知」を楽しむひとり旅

そこで提唱したいのが、「未知」をキーワードとした、60歳からの気軽な旅です。

まだ漫画家になる前のことですが、松下電器を退社したのち、ある会社のカレンダーを制作する仕事をしたことがありました。

日本全国のサイクリングロードの写真を各月のページに使う企画で、本撮影の前にひとりで北海道から九州までロケハンの旅に出たのです。この旅は、今でも思い出深いひとり旅になりました。

サイクリングロードの撮影ポイントを探す旅ですから、最寄りの駅や空港からレンタカーを借りて自然の中を走るのです。

宿泊先など決めていませんでしたから、夕刻になってからその日の宿探しをします。まだビジネスホテルなんてマイナーな存在だった時代で、泊まるのはおもに旅館。ひとり客は警戒されるような時代ですから断られることも多く、あわや宿無しかという日もありました。

そんな、「知らない場所」を訪ねるスリルとワクワク感、「知らない人」と交わす温かい会話などを、初めて体験した旅だったのです。

あなたにも一つか二つ、こんなワクワクした旅の思い出があるのではないでしょうか。

ぜひ、未知の場所に身を置くワクワク感をあらためて楽しんでみてはいかがでしょうか。

60歳からは、オリジナルの「巡礼の旅」も面白い

60歳から楽しむ旅のスタイルとして、もう一つお勧めしたいのが「巡礼」です。

巡礼とは、聖地や霊場を巡って参拝することで、もっとも有名なものだと、江戸時代に大衆文化となった「お伊勢参り」や、四国八十八カ所を巡る「お遍路」がありますよね。伊勢神宮は、一生に一度はお参りしたい場所として江戸庶民の憧れでした。当時は歩いて行くわけですから、江戸からだと順調にいって片道15日程度かかり、途中で多くの人が亡くなりました。

お伊勢参りで一日にかかる費用は今の1万円くらいだといわれますから、往復で30万円。宵越しのカネは持たなかった江戸っ子気質《かたぎ》の職人風情《ふぜい》が簡単に行けるものではありません。だから、「講《こう》」という積立グループを作って代表者が行ってくるのですが、自分の番が回ってくるまでに20年も30年もかかることがあったので、一生に一度と言われたわけです。

こういった巡礼、その多くは仲間内の観光旅行を兼ねていました。お遍路さんになると修行の要素が入ってきますから単独の巡礼者も多くなり、観光的要素はなくなります。

ここで勧めたい巡礼とは、自分なりのテーマを持った旅です。

同じ趣向を持つ仲間との旅も楽しいものですし、趣味の世界を追求するひとり旅もまたいいもの。もちろん、伝統に則ってお伊勢参りやお遍路さんをしてみるのも、いい思い出になることでしょう。

「お伊勢参り」だったら今の時代、新幹線や特急列車を使って日帰りや気軽な一泊旅行で行くことも可能です。

あるいは、昨今流行っている「映画やアニメの聖地巡礼」にならって、アニメ、コミック、映画、小説など、自分の好きな世界から一つのテーマを絞って旅をしてみると、趣味の世界をより深められてハマること間違いありません。

巡礼の旅が心と身体にとくにいい理由

自分が楽しめる場所やモノを観て回る巡礼旅を勧めるのは、楽しむということ以外に、自律神経を整えて最高のストレスケアになるという医学的な理由もあります。

自律神経は、心拍や呼吸をはじめとする生命維持に欠かせない身体の機能をコントロールしているシステムで、活動モードになる交感神経と、リラックスモードになる副交感神経が、６対４くらいの割合で働いてバランスをとっているといいと言います。

この自律神経のバランスを整えるためには、小まめに活動モードとリラックスモードを切り替えるのがいいようなのですが、こんなことはなかなか意識してできません。

ところが、自分が好きなものを楽しむ旅をすると、ワクワクしながら歩いて交感神経を高め、電車の車窓から見える景色を楽しんでリラックスし、また動いて活動モードになり、美味しい物を食べてリラックスするというように、自然に自律神経のバランスを整えることができるというのです。

自分が好きなテーマを巡る巡礼の旅は、この効果がとても高いわけです。

それぞれの自立した大人の旅で、夫婦関係もよくなる

また、旅行といっても、宿泊しなければ楽しめないということではありません。

日帰りで楽しむ近郊の巡礼旅で、知らなかった魅力を発見するのも楽しいですし、近所の七福神を半日で巡るような、もっと気軽な巡礼もありますよね。

インターネットで調べるまで知らなかったのですが、僕の漫画でも、島耕作が通った蕎麦屋や、『黄昏流星群』の舞台になったスナックなどを巡って、「聖地巡礼の旅」を楽しん

でくれている人がいることに驚きました。

神社仏閣を訪ねる旅というのも、昔からオヤジの趣味として欠かせません。最近は御朱印を集める旅が流行っています。それだけ日本には「行って」「見て」楽しめる神社や寺院などが多いということです。

近所の神社やお寺を散歩なり自転車なりで巡っても、意外な発見がありますよ。狛犬だって一つひとつ顔が違っていて、江戸時代の石工《いしく》の仕事を見て回るなんていうのも面白いものです。

このように、無理に夫婦で旅行に行かなくても、楽しめる旅はいくらでもあります。むしろそれぞれが自立した大人の旅をして人生を満喫することで、かえって夫婦関係もうまくいくのではないでしょうか。

27「趣味と仕事を分ける」のをやめる

趣味を仕事にしてはいけない……？

2003年に出版した『弘兼憲史の「大人の作法」心得帖』（新講社）という本には、「趣味で身を立てようと思うな」と書きました。20年近く前に50代で書いた本ですから、だんだんと迫ってくる人生の山下りを前にして、気持ちを引き締めているのです。

当時は僕ら団塊世代が50代になって、このまま定年を迎えるか、脱サラしてひと足先に好きなことを始めるかといった、セカンドライフの在り方を決めるべきタイミングでした。その本では、喫茶店や蕎麦屋を開業したいという人に対して、数年後に訪れる定年まで会社に在籍しながら、週末にコーヒー豆の知識や蕎麦粉の産地などを勉強するのが、賢い生き方だと言ったのです。

パッと脱サラして趣味を仕事にしても、なかなかうまくいくケースは少なかったですし、虎の子の老後資金を出店にすべてつぎ込んで失敗し、取り返しがつかなくなっている人もいました。

僕自身は漫画を描くという趣味を仕事にした人間ですから、趣味を仕事にしてはいけないなどと言うつもりはことさらなく、リスクヘッジの必要性を語ったのです。自分も20代のうちに漫画家として仕事ができなかった場合には、デザインの仕事で食っていける状況を作っていましたが、ラッキーなことに漫画家として仕事ができるようになったのです。

自分の趣味に「一、」加える

ところが、この20年間で、趣味を仕事にして生きる人が急増しました。

インターネットの普及が変革を起こしたのです。今やパソコンを持っていなくても、スマートフォン一つで動画を撮影してからネット上にアップし、巨額の広告収入を手にする若者がいるかと思えば、ネットオークションで趣味のアイテムを転売して生計を立てる人もいたりします。ストリートで歌っていたミュージシャンは、自分の曲をネット上で発表して宣伝活動もできるようになり、文章や漫画は出版社を通さずとも大勢の人たちに向けて発信できるようになりました。

アイデアさえあって、人より先に始めることができれば、趣味で収入を得ることは誰にでも開かれた生き方となったわけです。


だから今、60歳以降の人生を考える時に、儲けはそれほど多くなくても生活が成り立つのであれば、趣味を仕事にすることを本気で追求してみるのもいいと思うのです。

いくら稼げればいいのかということは人それぞれ違うでしょうから、毎月10万円稼げればいいとか、マイナスにならない程度だったらできるとか、実現可能なラインを読む必要はあります。

ここで大事なのは、「そのための投資を抑えること」と、「プラス一飜《いーはん》」を持っていることです。

「投資を抑えること」については、新たな仕事を始めるにあたり、多額の投資をするのであれば妻や家族と相談しなければならないでしょう。投資する金額を抑えられるのであれば自分の好きなようにできます。例えば、ネットビジネスであったら、店舗やオフィスを持たなくてもできますよね。

しかし、投資を抑えても始めることが可能なネットビジネスは、すでに飽和状態になっているので、「プラス一飜」が必要になります。そうしないと仕事として成立させることは難しい。

「飜」というのは麻雀の手を作る「役」の数のことで、多ければ多いほど点数が倍々に増えていきます。要は、何か一つでもプラスアルファの要素（飜）を加えることが必要だということです。

僕が就職活動をしていた時代には、「東大だけは黙って一飜」と言われていました。当時の就職活動においては、東京大学を卒業したということだけで、他の大学卒よりも一歩抜きん出ていたわけです。

何が自分の「一飜」になるのかは、人それぞれです。ラーメンマニアやうどんマニアだとしたら、今はそれだけではダメで、例えば、写真を撮るテクニックや文章のスキルといったものが「プラス一飜」になりえます。それを組み合わせることで、〝写真を見るだけで食べずにはいられなくなるラーメンブロガー〟とか、〝読むだけでのど越しが伝わってくるうどんブロガー〟などと、独自性を出していけるわけです。

趣味だからこそスケールの大きな楽しみ方ができる

趣味の世界を仕事にできたらいいなと思う人がいる一方で、あくまでも仕事とは分けて追究を続け、楽しみたいという人もいます。

僕の知り合いに二人のモデラー（模型作りマニア）がいて、一人はテレビ局の報道記者、もう一人はお寺の住職なのですが、彼らが趣味にかける情熱は半端なものではありません。走行できる実物大の戦車まで造ってしまう世界です。

彼らだったら、プロモデラーとしても生きていけるでしょうけども、あえて収入とは切り離した「趣味」にすることで、スケールの大きな楽しみ方ができるのだと思います。

28「ケチな遊び」をやめる

何のために「遊ぶ」のか

あなたは、好きな遊びについて「そもそも、なぜ○○して遊ぶのか?」と聞かれたら何と答えるでしょう。そもそもという原点を考えてみたら、「楽しいから」「面白いから」「気分いいから」というシンプルな答えに行き着くのではないでしょうか。

なかには、「頭がよくなるから」「老化防止になるから」など、何かを得るために遊ぶという人がいるかもしれませんが、これだって楽しくも面白くもなかったら、それは「遊び」とは呼べないですよね。業務や鍛錬、または修行というようなことになるでしょう。

僕がゴルフを続けているのは楽しいからで、結果として身体にいいとか、老化防止になるということはあるとしても、それが目的でやっているわけではありません。

コースに出て4時間、ボールに集中して打っている時間はすべて合わせても10分に満たないでしょうけども、クラブの選択やグリーンの攻略などを常に考えていて、ゴルフ以外のことは頭にないんですね。接待ゴルフではそうもいかないでしょうけど、好きな遊びというのは、そのことだけにとことん集中できるから面白いんですよね。

「ストレスを気にする」のをやめる、の項で、脳がマイナス感情に支配されないためには、プラスの感情が湧くようなことに没頭するといい、ということを書きました。「好きなこと」「面白いこと」「美味しいもの」などに没頭することがプラスの感情を呼び起こすことになるわけですから、遊びはまさにその典型。意識せずともプラスの感情に満たされて、心を豊かにしてくれるのです。「遊ぶ」ということの根本はここにあると思うのです。

「役に立たない」からこそ遊びは楽しい

人間にとって「遊び」とは何かという研究をしたフランス人の哲学者ロジェ・カイヨワは、遊びの性質の一つとして「非生産的である」ということをあげています。非生産的なことを「楽しい」「面白い」という理由だけでわざわざやるのが「遊び」というものだと言っているのです。楽しい遊びは、何かを得たり何かを生んだりする必要がないからこそ、余計なことを考えずに没頭できるんですね。

だからこそ、遊びにお金をかけることが大事。お金をかけなければ遊べないということはありませんが、60歳からの人生では、遊ぶなら徹底して遊んだほうがいい。徹底して遊ぶためにも、できる範囲でお金は惜しまずかけるのです。

ゴルフのクラブ、釣りのロッドやリール、自転車、クルマ、何でもそうですけど、お金をかけて最新のテクノロジーや磨き抜かれた伝統を味わうことには、経験してみなければわからない価値があります。それがまた遊びをより奥深いものにしてくれるのです。

60歳からの遊びこそ、お金も時間もケチらない

時間を作って「さあ、遊ぶぞ！」というような趣味以外にも、日常の中に見つける小さな「遊び」というものもあります。

『学生 島耕作』にも描いたことですが、僕は大学時代に「斫《はつ》り」というアルバイトをやっていました。当時の大学生にとっては定番のアルバイトで、建築現場や解体現場で余分な

コンクリートを削る仕事で、「斫り工」という職人の見習いをするようなものでした。

鉄のヘラで、新築マンションのベランダの手すりに落ちて固まったコンクリート粒を削っていくのですけども、最初はうまく削れなくて手が痛くなるんですね。ところが、やっているうちに、ヘラの持ち方だとか当てる角度なんかをいろいろと試して、少しずつラクに要領よく仕事するコツを覚えていくわけです。

僕はこの過程が楽しくて、少しでも要領よくできる方法を見つけようと作業に没頭しました。熱中して楽しむことができて、お金までもらえたわけです。

これは一種の仕事ですが、発見の楽しさと遊びの要素がたっぷりでした。ちょっとした作業や行動を工夫・研究するオタク的楽しさがあったのです。

そういった感覚を楽しむところは今でも変わらなくて、漫画を描いていたり、料理をしている時に、「ああ、こうやったらよくなる」「これを使ったら楽しい」と新しい手法を見つけるとうれしくなります。

どうせ何かをするのだったら、遊んだほうが面白い。楽しみながらできて心も豊かになる。60歳からの遊びは、仕事であろうが単純な作業であろうが、はたまた趣味であろうが、お金も時間もケチらずに貪欲に追求したらいいと思いますね。

29 「反省する」のをやめる

人は反省することで成長する、のウソ

「仕事で失敗することは誰にでもあること。

問題は、同じ失敗を繰り返すことにある。

だから、しっかり反省して、同じ失敗を繰り返さないことが大事だ」

長く仕事をしてきた人だったら、部下にこんなことを語った経験がある人も多いのではないでしょうか。人間は、過去の失敗を省みて自分を磨くことで、成長できるわけです。

でも、60歳を過ぎたら、もう反省するのも後悔するのもやめたほうがいい。

過ぎてしまった時間は変えることができないのですから、マイナスにとらえてもいいことは何もありません。過去は、どうあろうが自分に都合よく考えたほうが、この先の人生

をプラスに展開できるはずです。

60代にもなると、何か失敗をしたとしても、普通はそれまでの経験からだいたい原因がわかるようになります。わかっているのだから、それ以上掘り下げて反省を重ねたところで、たいして得るものはありません。落ち込みが深くなるだけです。

だったら、失敗は過去の変えられない事実としてすべて受け入れてしまい、「あの失敗があったから今があるのだ」と本気で考えられるようになると、人生は必ずプラスの方向へシフトされます。

過去は反省するためではなく、楽しむためにある

過去をプラスにとらえる訓練として、昔の楽しい写真を見ながら思い出に浸る方法があります。

なぜこれがプラス思考の訓練になるのかというと、「物忘れを気にする」のをやめる、の項で書いたように、写真を見ることによって脳内で新たな情報ネットワーク、それも楽しい記憶の情報ネットワークが強化されるからです。

「思い出に浸る」という行為は、後ろ向きなイメージがあるかもしれませんが、脳内で楽しい記憶を強化することで、過去をプラスにとらえられるようになるという点で、とてもいい方法なのです。

思い出の写真といっても、今はデジタルデータにしてスマホで持ち歩けるわけですから、写真を持ち歩いていないという人は少ないでしょう。いつでもどこでもできる「プラス思考訓練」です。

思い出があるものだったら、写真に限らず絵画や映画などもいいでしょうし、視覚以外の情報、音楽、香り、味というものでもプラス思考の脳トレになります。美味しいものを食べる時でも、いろいろなことを思い出していたら、それだけでプラス思考になっているということです。

反省したり、悔やむ時間があるくらいなら

僕の場合は、映画がたくさんの思い出とリンクしていて、脳をプラス思考へといざなってくれます。

子どもの頃に住んでいた家の近くに映画の看板屋があって、いつも職人さんが巨大なジョン・ウェインやゲイリー・クーパーなんかを描いていたのですが、僕が絵心に目覚めたのはその看板絵でした。顔に入れた緑のラインが、少し離れて見ると立体感を生んでいるのがわかって、「すごい、面白い！」と感心したものです。

父親に映画館へ連れて行ってもらうと、西部劇の感動したシーンを脳裏に焼き付けておき、家に帰ってからチラシの裏なんかに描きまくりました。そんなことをしているうちに、少しずつ絵が上達していったのです。

数多く観てきた映画の中でもスタンリー・キューブリックや黒澤明の作品は、たくさんの思い出とリンクするバイブル的な存在となっています。

過去は反省するのではなく、プラス思考に生かす。

新しい仕事を貪欲に覚えていく若い頃なら、反省する時間もプラスになるでしょうけど、60歳を過ぎたら反省や後悔は時間の無駄使いでしかありません。

失敗を反省したり、過去を悔やんだりする時間があるくらいなら、少しでもプラスの方向にエネルギーを向けて楽しみたいですね。

30「ギャンブル」をやめる

「本物のゲーム」を楽しめる大人になる

１９７０年代の後半、大橋巨泉さんが司会をしていたテレビ番組『11PM』で、金曜日にやっていた「イレブン麻雀」は、いろいろな人たちが卓を囲んで勝負するのを中継するのですが、なかでも「最上級者シリーズ」の日は四人の駆け引きがファンを楽しませてくれました。

「ゲーム」という言葉には、競技や遊戯ということ以外にも「駆け引き」「策略」という意味があります。

そのシリーズでは、『麻雀放浪記』の作家で雀聖と呼ばれた阿佐田哲也さん、プロ雀士第一号と言われ、「ミスター麻雀」と呼ばれた小島武夫さん、作家で動物研究家の「ムツ

「ゴロウさん」こと畑正憲さん、プロ雀士の草分け的存在である古川凱章《がいしょう》さんといった当時の麻雀スターが卓越した駆け引きを見せるのですが、日本中の麻雀好きが楽しみにしていたものでした。

もちろんお金やモノを賭けている勝負ではなく、お互いの心やコンディションを読み合って、高い次元で駆け引きを楽しむ勝負です。

本気でこの人（たち）と勝負がしてみたいという相手との勝負は、金品など賭けていなくても至極楽しいものです。

大きなお金を賭けて「ハイリスク、ハイリターン」を目指す、ヒリヒリするような大勝負は、ギャンブル好きな人がやればいいと思うのですが、ここであえて提案したいのは、リスキーな賭けはやめて、モノやお金は賭けないで勝ち負けを楽しむこと。本物の「ゲーム」を楽しむことです。

ゴルフ、テニス、卓球などの競技や、将棋、囲碁、麻雀など何でもいいのですが、人間との勝負を楽しむとなれば、誰とやるかが大事なポイントになります。

そういう意味で、二人で勝負するものより、四人でやる麻雀はゲーム性が飛躍的に高くなるんですね。相手は三人いるのですが、誰か一人に勝つことを目指す場面、三人を相手にする場面、場合によっては二対二で戦う場面など、ゲームの進行状態によって敵の人数も狙うポジションも刻々と変わるのが面白いところです。

60歳からの麻雀デビューのすすめ

島耕作が麻雀好きなのは、もちろん僕自身が好きだからです。『学生 島耕作』で描いたように、大学生の頃は麻雀に明け暮れたこともありました。

当時からギャンブルは好きじゃなかったので、ゲームとしての勝負の面白さにのめり込みました。大学時代は、銀行のパンフレットの挿絵や、カフェのメニューなどを描くアルバイトをして結構稼いでいたので、下北沢の銀行にギャラの振込用口座を持っていたのですが、その名義が「国士無双《こくしむそう》」です。屋号というわけではないのに、そんな口座名義が許される時代でした。

最近は若い人たちで麻雀を打つ人がめっきり少なくなっていますけど、50代以上の人だったら、そんなふうにドップリ入り込んだ時期があるという人も少なくないのではありませんか?

ちなみに、合併によって銀行名は変わりましたが、その口座は「ヒロカネプロダクション」名義で今も使い続けています。

麻雀を知らないという人は、これから覚えてもいい。昔は三人に声をかけて集めなければ練習もできなかったけど、今はインターネットゲームやスマホのアプリでシミュレーションできるので、覚えるのは簡単だと思いますね。

ネット麻雀は、AIを相手にするものと、同時にアクセスしている三人の相手と実際に勝負をするものがあるので、AI相手にひと通り覚えたら、ネット上でどこかの誰かと勝負をしてみるといいですね。そして、牌《パイ》を手にするリアル麻雀にデビューすればいいでしょう。

将来、老人ホームなどに入ったとしても、いいコミュニケーション手段となりますから、一生楽しめる趣味になると思いますよ。

『黄昏流星群』PICK UP STORIES④

「ソドムの星」（第9巻収録）1999年作

あらすじ

大企業の人事部長を務めてきた野々山徹夫は、堅物で有名な男だった。ある夜、新宿の飲み屋街を歩いていると、ゲイバー「安野」のホステスとして働く滝満夫に声をかけられ、初めてゲイバーに入る。経験したことのない解放感に目覚めた徹夫は、満夫に導かれてゲイの世界に足を踏み入れ、53歳にして自分を取り戻すのだった。

「安野」のバーテンダーとしてアルバイトを始めた徹夫であったが、会社の同僚に目撃されてしまい、問題になる。徹夫が選んだのは、早期退職をして自分の好きな生き方をする道だった。退職金の半分を妻に渡すと、心配する満夫を一人残し、タイへと自分探しの旅に出る。ところが、タイで騙され、退職金を持ち逃げされたうえに、暴行されて重傷を負ってしまう。

連絡を受けた満夫は、タイへ飛んで徹夫を日本へと連れ帰ったが、徹夫の体調はよくならない。満夫は徹夫の願いを聞き、流星群を見るために別荘を借りて徹夫を連れて行く。満夫のワイングラスに流れ星が一つ飛び込んできた時に、劇的なラストを迎える――

これはなかなか自分でもユニークな作品だと思っています。いろいろな愛の形を描いてきたので、ゲイの話もあっていいだろうと思ったんですね。

僕はストレートですけども、ゲイの知り合いに連れて行ってもらって、新宿の店によく行った頃がありました。女装する店ではありません。普通はゲイの人間しか来ない店なのですが、僕は面が割れていますし、マスターも快く迎えてくれたので、気軽に行けたのです。そこで感じたのは、「男と男」でも「男と女」でも感覚的には大して変わらない、ということでした。

ゲイの比率は10％程度だといいますが、このストーリーの主人公のように、ある日、ストレートだと思っていた自分がそうではなかったことに気づいて、世間で常識とされている生き方をやめ、自分を解放できた人は幸せだと思います。一生気づかないで終わる人もいれば、勇気がなくて隠し続ける人もいるからです。

八ヶ岳にある観測ドームつきの別荘を借りて、男三人でワインを用意して流星群を見に行ったことがあります。その時、ワイングラスに流星が入ったら面白いなと思ったことから、ラストの劇的な1ページが生まれました。

第5章

やめて幸せになる

31「人と比べる」のをやめる

ネガティブな感情の根底にあるもの

人と比べないということは、今まで僕が大事にしてきた幸福論の一つの柱です。

なぜ人は他人と比べたがるのかというと、自分の位置を確かめたいからです。

自分よりも下の人と比べて、自分のいる位置はそれほど下ではないと安心感を得るならまだいいのですが、多くの人は自分より上の人と比較して、落ち込んだり、悩まなくてもいいことで悩んだりしてしまいます。

よく、「ボトル半分のワイン」を見て、「まだ半分もある」と思うか、「もう半分しかない」と思うかで、ポジティブ思考かネガティブ思考かを判断したりしますが、この話が身近なこととして起こってくるのが60歳を超えてからの人生です。

仕事や職場が変わるとか、住環境が変わるといった時に自分と向き合う時間ができて、ふと「もう60歳か」「もう65歳か」と、何とも言えない孤独や悲哀を感じる人が多くなり、「結局、自分の人生はこんなもんか」「自分は負け組だ」などと言い出す人も出てきます。

貯金が少ないから負けだとか、出世できなかったから不幸だとか、ネガティブな物差しで自分を貶《おとし》めているのですが、その根底には他人との比較があるわけです。

「まだ」を口グセにして「自分の物差し」を作ろう

僕はこれまで書いてきた本の中で、「自分の物差し」という言葉をよく使ってきました。「尺度」と言ってもいいでしょう。

自分の物差しを持っていれば、今の自分のありようを測る時に、人と比べる必要がなくなります。幸せの尺度は人それぞれ違うのですから、人と比べてみたところで意味がない。自分の尺度さえあれば、「もう60歳か」などとネガティブな発想をしなくなるのです。

僕は一度も「もう65歳」とか「もう70歳」なんて考えたことがありません。

高齢者と呼ばれることにしても、次第に表れる老化現象にしても、自分がここまで生きてきた証のようなもので、今日、ここに生きていられることがうれしい。だからとことん人生を楽しみたい。そう思うのです。

古稀《こき》（70歳）を迎えた時も、「この状態でまだ70歳ということは、あと10年はゴルフができるかな」なんて考えました。

ゴルフの素晴らしいところは自分の尺度で楽しめるという点です。僕はラウンド前に「今日は90で回ろう」「今日は先週よりもハイスコアを目指そう」といった自分の中の目標値＝尺度を定めます。それが達成できるかどうかが一番の関心事であって、他人とスコアを競うことには興味がないので、関心が向きません。

他人と比べがちな人や、物事を悲観的に受け取りがちな人は、意識して「もう」ではなく、「まだ」から物事を考えるクセをつけるといいですね。

そうすることで、自分の物差しを作る訓練になるはずです。他人と比べて自分の位置を確かめる必要もなくなります。

32 「自分で何でも解決する」のをやめる

僕は「ラクなほうに逃げる」人間だった

僕は、若い頃からすぐ逃げる人間でした。学生運動が盛んだった大学生の頃は人と争うことから逃げていましたし、じつは漫画家になることから逃げた時期もあったのです。

しかし、困難から逃げることができたために、今の自分があるのも事実です。

早稲田大学の漫画研究会には、先輩から受け継がれていたアルバイトがありました。早稲田の先輩が働いていたある出版社の仕事で、漫画家の原稿を取りに行くバイトです。

当時の大御所であった馬場のぼる先生や佐川美代太郎先生のところへ行き、5時間も6時間も応接間で待っていると、徹夜仕事でヘロヘロになった状態の先生たちが原稿を渡してくれるのです。急ぎ、それをタクシーで出版社まで運ぶのですけども、先生たちのゲッソリと疲れ果てた顔を見て、「これは大変な仕事だ。僕にはとうていできない」と思ってサラリーマンになろうと思ったのです。

ストレスを感じるとラクなほうへと逃げる性格なんですね。それもあって、あまりストレスをためずに生きてこられたのでしょう。

「ピンチに立ち向かわない」からこそ、解決策も見えてくる

窮地に陥ったら逃げたほうがいい。

こんな身も蓋《ふた》もない言い方はどうなのかと思われるかもしれませんが、これは人生の鉄則だと思います。困難やストレスのある状態から逃げたいと思うのは、自己防衛本能なのだから悪いことじゃない。

逃げることによって誰かに迷惑をかけるのであれば、それはよく考えなくてはいけないけど、自分のプライドを守るためだとか、批判を気にして逃げられないという理由で、わざわざ窮地に立ち向かう必要なんてまったくないんですね。

窮地から脱する方法を考えるにしても、いったんその場を離れたほうがいいのです。感

情的になっている時や、緊張している状態で物事を考えてもいい解決策は浮かびません。とりあえずそこから離れて、冷静になる時間を作ったほうがいいのです。

島耕作は何度となく窮地に陥っていますけども、そんな時はもがいたりせず流れに身を任せるんです。彼の場合は流れに身を任せていると窮地から救ってくれる女性が現れるのですが、それは漫画の中の話としても、窮地にある時はパワーダウンしていることが多いのですから、無駄に動かずやり過ごしたほうがいい。一時避難して大きな流れに身を任せながら、立ち上がるタイミングを待てばいいのです。

若い時は勢いがありますから、まだある程度のダメージを受けながら瞬発力で窮地を乗り越えることもできますが、人生も後半戦を迎えたら、やみくもに立ち向かってもクリアできる確率は落ちてきます。

だから、60歳からの人生で、職場が変わって人間関係がうまくいかない、新しく始めた仕事がピンチを迎えた、夫婦関係や親子関係が行き詰まったというような窮地に陥ったら、まずは逃げていい。すぐ立ち向かおうとせずに、素直な気持ちに従ってストレスのないほうへ身を任せることが大事だと思うのです。

33 「イライラする」のをやめる

なぜイライラしてしまうのか、を知る

ストレスが寿命を縮めるということは、今や誰もが知っている常識。

すでに書いた通り、マイナスの感情が湧いて、脳が自分の身体を守ろうとするのがストレスの正体です。危機に備えて身構えるので、筋肉は緊張して身体は興奮状態になり、疲労を引き起こすわけです。

だから、マイナスの感情に振り回されないようにすることが、心と身体を健康に保つ秘訣だと言っていいでしょう。

さまざまな感情の中でも、もっとも興奮状態を起こしやすいのが「怒り」ですよね。頑

固オヤジのイライラが爆発して血圧が上がり、脳卒中で倒れるなんて、映画やドラマでよく見かけるシーンですね。

イライラや怒りの感情がなぜ興奮しやすいかというと、予定したことが急に狂ったり、願望が大きく裏切られたりして、闘争モードになっているからです。

人間の本能には、危機と遭遇した時に、「闘って撃退するか、逃げるか」という二択のプログラムが用意されていると言います。前項で書いたように逃げられればいいのですが、突発的であるとか、あまりに大きなショックを受けると、逃げることができないために危機を撃退するしかなくなり、頭が闘争モードになって怒りが生まれるわけです。

ストレスや怒りの感情をなくすことはできませんが、これまで紹介してきたプラス思考を意識する、プラスの刺激を自分に与えるといった手段以外に、怒りの感情を鎮める方法があるので、ここで簡単に紹介しておきましょう。

ピークの「6秒間」を上手にやり過ごそう

『課長　島耕作』を連載していた１９８０年代に、アメリカで導入する企業が増えた「アンガーマネジメントプログラム」という研修メニューの話をよく聞きました。近年になって企業がやっとストレスケアに目を向け出した日本では、2015年に従業員50人以上の会社でストレスチェックが義務づけられ、アンガーマネジメントの研修を行うところが増えているといいます。日本語にすると「怒りのコントロール」ということになるのでしょう。

このアンガーマネジメントでは、ストレスの原因となる「怒りの感情」を抑える具体的な方法をいくつも学ぶことができるのですが、その中でも基本とされるのが「6秒ルール」と「タイムアウト」と呼ばれるものです。

「ストレスを気にする」のをやめる、の項で書いたように、マイナスの感情が起こると、脳が身体を守ろうとして全身を緊張させたりホルモンなどを放出したりして臨戦態勢を作るのですが、この状態がピークになるのは6秒後だということなんですね。

だから、誰かと会話をしていてムカッとした時には、6秒間をなんとかしてやり過ごせば興奮状態がゆるやかに収束へと向かい、衝突して人間関係に亀裂を生むことを避けられるわけです。

アンガーマネジメントでは、この6秒間をやり過ごすためにいくつかのセルフコントロール方法が提唱されているのですが、手っ取り早いのが、とりあえずその場を離れて感情を抑える「タイムアウト」という手法です。

イライラしそうになった自分に言い聞かせる「三つの言葉」

アンガーマネジメントの手法をいろいろ調べていて面白いなと感じたのは、自分が無意識のうちにやってきたことが多いことです。「タイムアウト」もそうですし、怒りの感情が湧いたら、心の中で自分が落ち着くような言葉を唱える「コーピングマントラ」と呼ばれる手法もよくやっていることでした。

どんな言葉かというと、

「まあ、いいいか」
「それがどうした」
「人それぞれ」

の三つです。これまで本やインタビューで何度となく言ってきましたが、自分の意思とは関係なくやってくる困難、ピンチ、マイナスの局面を、この三つの言葉で乗り越えてきたんですね。

どんなことが起こっても現実を受け入れて、「まあ、いいか」といい意味であきらめる。そして「それがどうした」と開き直ってやり過ごす。

それから「人それぞれ」と他人と比較せず、自分が楽しい道だったらそれでいいじゃないかと、また歩き始める。

これってまさにコーピングマントラですよね。日本語で言えば、自分で自分に言い聞かせる「おまじない」というやつです。

上手に「ガス抜き」できる大人とは

アンガーマネジメントでは、他にも頭の中で「10、9、8、7」とカウントダウンしていくことで気持ちを落ち着ける「カウントバック」や、今、自分が感じている怒りに点数をつけて客観視する「スケールテクニック」といった、感情をコントロールするテクニックがあるので、怒りの感情を抑えられないという人は学んでみるといいでしょう。

マイナス感情を意識から外すことを目的とするものですから、怒りの感情に限らずいろいろな感情をコントロールできるようになると思います。

プラス思考でストレスを忘れるテクニックとともに、このアンガーマネジメントもぜひ身につけたいものです。

とはいえ、時には怒りのエネルギーを発散するのも、イライラをなくすためには大事なことです。海に向かって「バカヤロー！」は定番かもしれませんけど、クルマの中やカラオケルームなど、思いっ切り大声を出せる場所を持っているといいですね。

ストレスとうまくつきあうことは、幸せな人生を送る大切な条件の一つ。ぜひ、誰かに怒りをぶつけることなく、気持ちよく「ガス抜き」してリフレッシュできる手段を身につけてください。

34 「孤独を恐れる」のをやめる

島耕作が徒党を組まない理由

島耕作は有能な組織人ではありますが、徒党を組みません。

「君子は和して同ぜず、小人は同じて和せず」という言葉を絵にしたようなこのキャラクターも、僕が群れるのを嫌ったことから生まれています。

これも学生時代に形成された精神構造と言えます。

僕が早稲田大学に入学したのは1966年の4月。この年に成田で三里塚闘争が始まり、6月末から7月にかけてビートルズが来日しました。

この頃の様子は『学生 島耕作』に描きましたけども、党派や学部を超えた連合体である全共闘運動が広まるのは68年、今でもテレビで、学生運動の象徴的場面として映像が使われる東大安田講堂事件が69年1月、2020年に公開されたドキュメンタリー映画『三島由紀夫vs東大全共闘 50年目の真実』が録画されたのは5月ですから、まさに大学闘争の真っただ中という時代だったのです。

今の時代からは考えられない大規模な紛争の映像を見て、当時の大学生のほとんどが学生運動をしていたように思っている人も多いのですが、そんなことはなくて、実際に派手な運動をしていたのはわずかでした。しかし、思想的には8割くらいの学生が心情左翼で、若者の間では左翼がカッコイイとされていた時代だったのです。

何度か誘われて学生運動の集会に参加してみると、あり余るエネルギーを持て余して甘えている若者たちが、群れることを楽しんでいるように僕には見えました。学生に革命なんかできるわけがないし、そもそも革命する必要がどこにあるのかわからなかった。

こんなことをして、みんなで何かやるという安っぽい連帯感に浸っているよりも、ほとんどの学生は親が学費を出しているのだから、授業を受けるべきじゃないか、と思ったのです。

それ以来、学生運動には参加しませんでしたし、群れるような人間にはなりたくないと思い始めたのです。

松下電器に就職してからも、けっして孤立していたわけではありませんが、一匹狼的な生き方を信条としていました。

組織の一員として働く以上、連帯感を持つことは大事ですけど、そこに依存したくないし、されたくもない。漫画家という、ひとりでやる仕事を選んだのはそんな基盤があったからかもしれません。

今でこそアシスタントとの共同作業になっていますけども、基本的にはストーリーやキャラクターを創造するところから描き上げるところまで、ひとりで完結する仕事です。

僕の一日の半分は「孤独を楽しむ」時間

アシスタントとの共同作業をするようになってからも、「個」を大事に思う気持ちに変わりはなく、あえて孤独を求めているようなところがあります。

だいたい夜中の2時くらいに仕事場から帰って、ちょっとした肴《さかな》を用意してひとりで好きな酒を飲みながら昔の映画を観るのが日課なのですが、1本まるごと観ることはまずなくて、冒頭のきっかけ作りやラストのまとめ込みなんかを断片的にいくつか観ることが多い。冒頭を観て設定が面白いと思ったら、もうその映画を観るのはやめて自分でストーリーを組み立てていくんです。逆にラストシーンを観てそれまでのストーリーを考えることもあります。

それから眠ります。普通の人からしたらちょっと遅めに起きて、シャワーを浴びて、一日のいろいろなことを計画しながら脳のウォーミングアップをして家を出ます。ファミレスや喫茶店に寄って、前の晩に浮かんだアイデアなどを練りながらランチをとり、仕事場に着くのは午後1時くらいですから、一日の半分、言ってみれば一年の半分はひとりでいることになります。

「孤立」は避けて、「孤独」を楽しめる大人になる

ここ数年、高齢者の「孤独」を前向きにとらえる本が何冊もヒットしました。ひとり暮らしや孤独でいることを堂々と楽しもうという趣旨の本がほとんどです。

高齢化社会となって「孤独死」や「独居老人」といった言葉が社会問題としてクローズ

アップされ、高齢者のひとり暮らしは心配だという風潮が強くなりました。そんな流れの中、同居人に気を使うことなく、ひとりで自由に人生を楽しみたいという高齢者たちも一定数いて、そういう人たちが支持したのだと思います。

今、女性は男性より6歳くらい平均寿命が長いので、70代、80代は女性が圧倒的に多いのですが、夫に先立たれてひとりになった女性が、自由気ままなひとり暮らしを楽しんで人生を謳歌するケースが増えたんですね。

もちろん長年連れ添った夫が亡くなった時にはショックを受けて落ち込むのでしょうけども、気持ちが落ち着けば、解放された喜びと24時間自由にしていられる安堵感《あんどかん》が湧いて、家族に一緒に住もうと言われてもひとり暮らしを望む女性も多いわけです。

高齢者のひとり暮らしでは孤独死が怖いと言われますが、それは発見が遅れることに問題があるのですから、毎日1回連絡をとる人がいれば、ひとり暮らしでいい。スマートフォン一つあれば、顔色だって確認し合える時代です。

一方、男性はひとりになると弱くなるケースが多いんですね。

70代、80代で妻に先立たれた男性は、3年以内に7割が亡くなるといいます。

「孤独」と「孤立」は違います。

家族や地域社会、組織などで孤立してしまうことは、人生をつまらないものにするので絶対に避けなければいけませんが、60代以降の人生ではいつひとりになるかわからないのですから、孤独に慣れておいたほうがいい。

孤独というと、寂しいイメージがつきまといますが、そんなことはありません。どんなことでもひとりで楽しめる人の人生は豊かです。僕はそれを「孤独力」と呼んでいます。孤独は楽しめるのです。

やっぱり人間、生まれる時も死ぬ時もひとりなのですから、孤独を楽しめる人のほうが幸せだと思います。

35 「成功にこだわる」のをやめる

「生きがい」は何ですか？

みなさんにとって、「生きがい」とは何ですか？

こう質問されて、すんなり答えられる人は幸せな人生を送っているのだと思います。そういう人でも、「生きがい」という言葉の真意を聞かれると、意外に答えるのが難しいのではないでしょうか。

他の言葉で言い換えると、「生きる喜びになっていること」とか、「生きる張り合いになっていること」といったものが近いのでしょうけど、それだけではないような気がします。

1962年に公開された『終身犯』というアメリカ映画があります。

終身刑を宣告された囚人が、獄中で負傷したスズメと出会い、鳥類の研究に没頭して鳥類学の権威となった実話をもとに製作された映画で、西部劇でも活躍した名優のバート・ランカスターが主演しました。実在したロバート・フランクリン・ストラウドという極悪非道の殺人犯がモデルで、26歳で絞首刑を宣告され、後に独房での終身刑に減刑されたものの、73歳で死去するまで刑務所から出所することなく一生を終えるのですが、30歳の時にケガをしたスズメの世話をしたことから「生きがい」を見つけるのです。

彼が10年に及ぶ歳月をかけて執筆した『カナリアの病理』という原稿は、密かに刑務所から持ち出されて出版され、鳥類学や医学に貢献します。

映画では主人公が小鳥の研究を禁止されて反抗したことが原因で、サンフランシスコ湾に浮かぶ小島にあった悪名高い凶悪犯収容施設・アルカトラズ刑務所へ移送されます。

そして、アルカトラズで小鳥の研究を禁止された主人公が、今度は法律の勉強に没頭し、囚人たちが起こした暴動を解決して評価され、穏やかな刑務所に移送されて再び鳥類の研究に没頭しながら人生を終える、というストーリーです。

僕は「生きがい」という言葉を目にすると、この映画を連想します。

どのような状況にあっても、夢中になったり、没頭できる「何か」を持っていることは、自分にとって生きがいになりうることなのではないかと思うのです。

世界で話題になった日本人の「Ｉｋｉｇａｉ」

２０１６年にスペインで出版された『Ｉｋｉｇａｉ』というタイトルの本は、日本のＩＴ企業で10年以上働いてきたスペイン人エンジニアとスペイン人作家の共著で、ヨーロッパで大きな反響を呼び、各国で翻訳されました。２０１７年にイギリスで英訳された本のタイトルは『Ikigai : The Japanese Secret to a Long and Happy Life』で、日本人独自の幸福感や人生観を欧州的解釈で紹介しています。

世界中で「Ｉｋｉｇａｉとは何だ？」ということになったわけです。

ところで、数年前からＳＮＳ上などで話題になってきたベン図があります。ベン図というのは光の三原色を示す「ＲＧＢ（光の基本の色であるＲｅｄ〈赤〉、Ｇｒｅｅｎ〈緑〉、Ｂｌｕｅ〈青〉の三色のこと）」のように、いくつかの円を重ねた図のこと。「Purpose Diagram」と呼ばれるベン図は、「Ｌｏｖｅ（好きなこと）」「Ｇｏｏｄ ａｔ（得

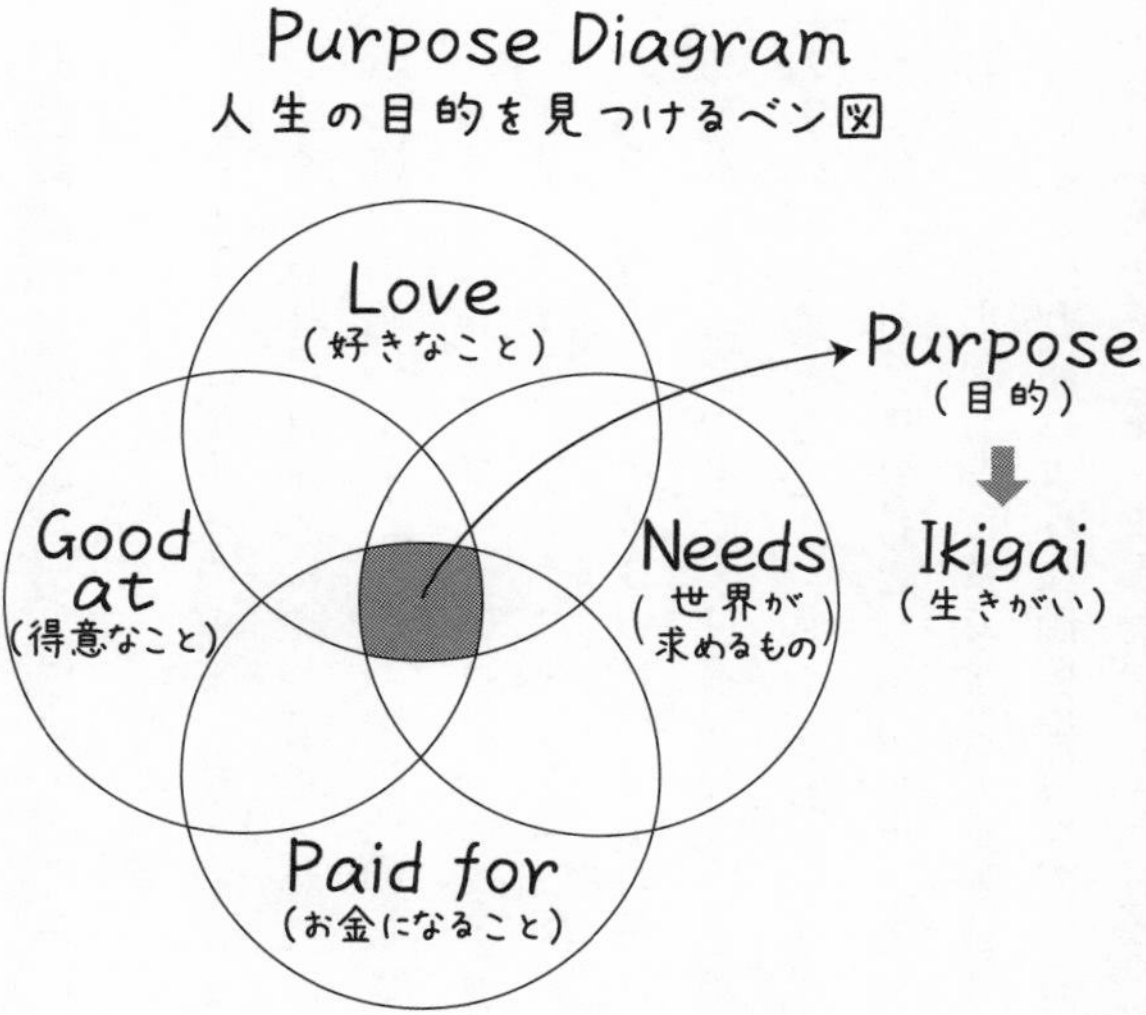

意なこと）」「Ｎｅｅｄｓ（世界が求めるもの）」「Ｐａｉｄ ｆｏｒ（お金になること）」という四つの円の中心で重なる部分を「Ｐｕｒｐｏｓｅ（目的）」と位置づけていたのですが、2017年に英書の『Ｉｋｉｇａｉ』がベストセラーになってからは、その中心が「Ｉｋｉｇａｉ」に変わった図が横行するようになりました。

この図は、欧米人がいかに「生きがい」という言葉を理解していないかということがよくわかります。「Ｐａｉｄ ｆｏｒ（お金になること）」という項目が存在していることは、日本人にしてみると違和感がありますよね。

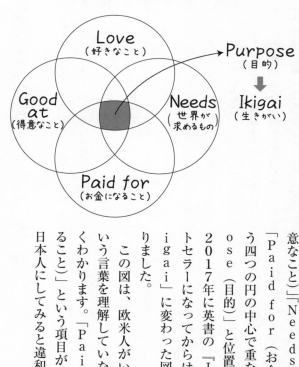

お金儲けや社会的地位とは別のところにあるもの

２０１７年に英訳本を出版したイギリスの出版社は、「Ｉｋ・ｉｇａ・ｉ」という言葉が持つ本来の意味は日本人に語ってもらわなければわからないと考え、脳科学者の茂木健一郎さんに原書をベースとした執筆を依頼しました。

茂木さんは、英語で『Ikigai: The secret Japanese way to live a happy and long life』を世界に向けて著し、それを日本語に翻訳した『ＩＫＩＧＡＩ：日本人だけの長く幸せな人生を送る秘訣』が２０１８年に出版されています。

茂木さんはその本で、日本人の「生きがい」になっているのは、毎日早起きして気持ちのよい朝を迎えるとか、身のまわりの物事に自分だけの小さなこだわりを持つといった、お金儲けや社会的地位とは無縁のところにある、到達点や目的ではない「終わりのない目標」で、それは仕事で成功する、財を成す、出世するというように、人生で何かを成し遂げる達成感と同じような価値を持っているものだと語っています。

日本人が感じる「生きがい」をベン図で表すのであれば、「お金になること」を抜かして、

日本人の「生きがい」を示すベン図

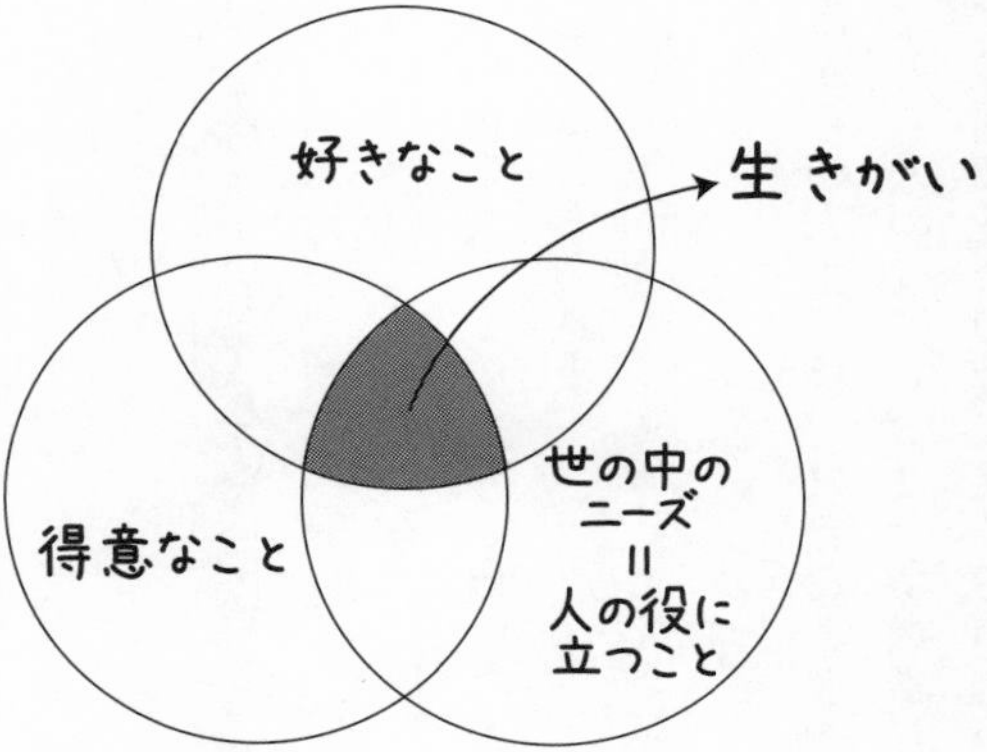

「好きなこと」「得意なこと」「世の中のニーズ」という三つの円を作って、その中心で重なる部分が「生きがい」になりうるのではないかと思います。「世の中のニーズ」は、「人の役に立つこと」と言い換えてもいいですね。

自分のことに当てはめてみると、僕にとって漫画を描くということは、その三条件を満たしていました。

「どこまで出世できるか」「どこまで財を成せるか」といった到達点や目的から生き方を考えるのはやめて、自分にとってこの三条件を満たす「生きがい」は何かというところから今後の人生を考えてみませんか？

36 最後までこれだけは「やめない」

いくつになっても誰かの役に立てる人であるために

ここまで35項目の「やめる」を提言してきたのは、この本を最後まで読んでくれたみなさんに幸せな人生を送ってもらいたいからですけども、35のことをやめて、たった一つやってほしいことがあります。

それが「自分以外の誰かを一人でも多く幸せにする」ということです。

60歳からの人生では、好きなことや得意なことをするだけでなく、世の中のニーズに応えること、人の役に立つことを意識してほしい。僕の場合は「人生＝仕事＝生きがい」なので、漫画で社会の役に立っているかどうかということになりますけど、ここまで続けてくることができたのは、多少なりともニーズに応えられたからだと思っています。

生きがいが仕事である必要はまったくありませんが、本来、仕事というものは誰かを幸せにするためにあるのです。そして、誰もが幸せになりたいと願っています。

人間が抱くほとんどの願望は、「なぜか？」で突き詰めていくと、「幸せになりたい」という一点に集約されると思います。

どんな願望でも、「なぜか？」と自分に問いかけてみてください。人の願望を満たしてあげられるということは、その人を幸せにすることであり、社会のニーズを満たすことは、社会を幸せにすることなのです。

自分だけの幸せは長続きしない

仕事という切り口で考えると、収入を得なければいけないのですから、１７９ページの三つの円で、生きがいの要素として「お金が儲かる」ということを外したのはおかしいじゃないかと思う人もいるでしょう。

でも、これを目的にすると、自分が幸せになることを優先することになりがちです。自分を幸せにしてもそこで終わりですけど、誰かを幸せにすることを優先すれば、幸せが連鎖して自分も幸せになることができる。

幸せも不幸も連鎖するもの。社会に幸せの連鎖を起こして人々の心を豊かにすることができる仕事は、必ずお金を生みます。だから幸福な人生を全うするための生きがいは、「好きなこと」「得意なこと」「人の役に立つこと」の三つを考えればよくて、それが仕事であれば、お金は後からついてくることになるでしょう。

ご存じの方が多いと思いますけども、これは松下幸之助さんの哲学です。

僕が3年間働いた松下電器には、「利益を追求するな」という理念がありました。新入社員は、「利益とは一生懸命仕事をした結果、社会的な報酬として与えられるもので、いい仕事をすれば報酬として利益が上がっている。だから利益を最初に考えるのではなくて、お客様が喜ぶ電気製品を作ることだけを考えろ。そうすればみんな豊かになる！」と、叩き込まれるのです。

当初は、「そんな綺麗事を言っていても、企業なのだから利益追求が目的じゃないか」なんて思いながら働いていたのですが、3年間経ってみたら、お客さんが豊かになれば会社も豊かになるのだということが、当たり前のことだと思えるようになっていました。

この原則を20代前半で身をもって感じることができたのは、松下電器で働けたおかげだと感謝しています。島耕作シリーズというビジネス漫画を描くことができたのも、若い頃にこの理念を叩き込まれたからだと思っています。

自分にとっての「やめること」「やめないこと」は何か

「幸せとは何か？」という考え方も、松下さんの理念から大きな影響を受けています。松下さんの有名な言葉に、「幸福の三つの条件」というものがあります。

何が幸福かということは人それぞれ違い、人は誰もが幸せになれるという前提のうえで、幸福になるためにはどう進めばいいのかということを示す指針です。概要だけを簡単に紹介しましょう。

一つ目は、自分が幸せだと感じること。世間や他人の話を鵜呑みにするのではなく、「人は人、自分は自分」という意志を持って、まず自分が幸せだと感じられることは何か、自分と向き合って明確にします。好きなことや得意なこと、趣味や、気持ちいいから続けている健康法などは、だいたいこれに当てはまるでしょうね。

二つ目は、世間の人々もその幸せに賛意を表してくれること。自分の幸せを追求するために他人を不幸にしてしまう可能性があるのでは、社会が成り立たなくなってしまいます。金儲け至上主義は、この点が当てはまりませんよね。

三つ目は、社会にプラスし、周囲の人々に幸せをもたらすこと。自分が幸せになって他人に迷惑をかけないだけでなく、社会のために役立つことが重要だという、この項で言ってきたことですね。

生きがいのベン図にはなかった二つ目の「他人に迷惑をかけないこと」という項目は、いかにも社会性を重視した松下さんならではの発想だと思います。

こうして考えてみると、

「好きなこと」

「得意なこと」

「他人に迷惑をかけないこと」

「人の役に立つこと」

という4項目のベン図を作って、その中央の重なった部分が「幸せになる条件」とする

弘兼流・60歳からの幸せな人生の条件

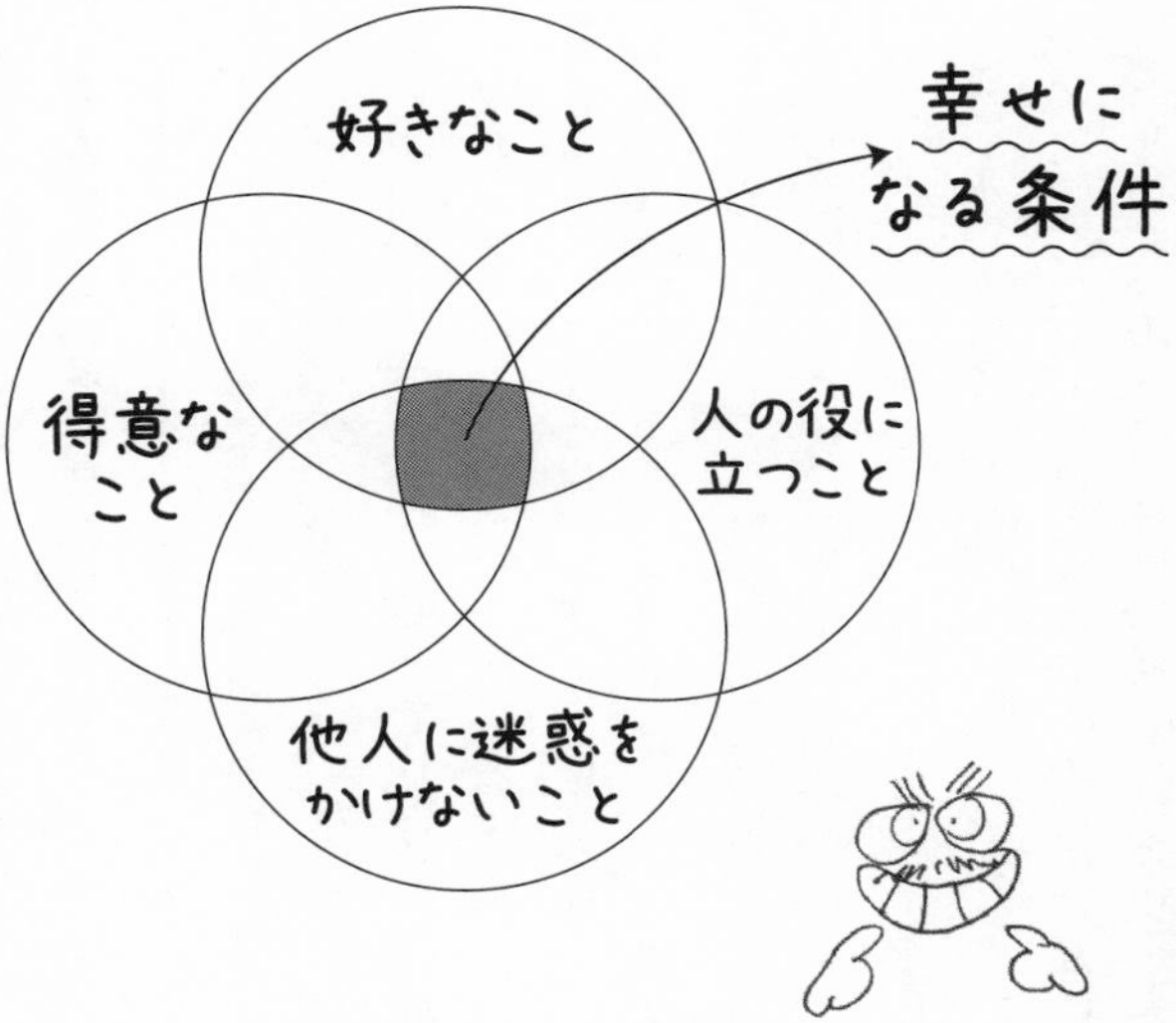

のが、この本の結論としてふさわしいのではないかと思えます。

社会貢献という言葉を使うと、ちょっと堅苦しい感じがしますけども、つまるところ、人間は生きている間に誰かの役に立てることが最大の幸せなのではないかと思うのです。

いかがでしょう。

60歳からの幸せな人生を送るために「何をやめて」「何をやめないか」、指針は見つかりましたか？

『黄昏流星群』PICK UP STORIES⑤

「天使に星の砂」（第40巻収録）2010年作

あらすじ

自己愛に欠ける河瀬まみは、自分を無駄な存在だと嫌悪しながら銀行勤めを続けていた。密かに恋心を抱く主任の伊奈田と、思いがけないきっかけから男女の仲になる。

ある日、アポなしで手料理を持って伊奈田の部屋を訪ねると、そこには恋人らしき女性がいた。それ以来、伊奈田に冷たくされるようになったまみは、死を決意して沖縄に飛んだ。竹富島に辿り着いたまみは、夜の海で自殺を図る。

まみを助けたのは、漁と土産売りで暮らす65歳の男だった。元気になって一度は帰京したものの、再び竹富島に渡ったまみは、彼との自由な暮らしの中で癒やされていく。その男の正体は、レオナルドという天使だった。

レオナルドは、まみが元気になったので次の使命を言い渡されるのだが、地上に堕《お》ちて人間となり、「永遠の命を捨てて彼女を見守る道を選ぶ。レオナルドとの記憶を消されたまみは、誰かの役に立ちたくて介護の仕事を始め、生きがいを感じるようになっていた。そして、人間になったレオナルドと、意外な場所で再会する――

『黄昏流星群』では、天使が登場するストーリーをけっこう描いているのですが、ファンタジーを描くには、不可能を可能にして、タイムスリップもできる天使という存在が都合いいんですね。この年、竹富島に旅行をしていい写真を何枚も撮ってきたので、それを題材にしてファンタジーを一作描こうと思ったのです。

主人公と天使のセリフに、僕の哲学がちりばめられていると言ってもいい作品です。楽しいことと悲しいことがセットになっているのが人生だという道理、「物事をプラスに考えれば人生は楽しいし、マイナスに考えれば苦しい」という生き方のコツや、「こんな私でも誰かを助けることができるなら、とても幸せなことだ」という、まさにこの本の結論もしっかり埋め込まれています。

ストーリー自体は、ウォーレン・ベイティ主演の映画『天国から来たチャンピオン』にインスパイアされており、ラストで若い女性に老人を「ちょっと好みかもしれない」と言わせるシーンは、高橋洋子さん演じる16歳の少女が、高橋悦史さん演じる中年の漁師に助けられて母親から自立する日本のロードムービー『旅の重さ』からヒントを得ています。

編集協力／佐藤美昭
本文ＤＴＰ／エヌケイクルー

青春新書
INTELLIGENCE

こころ涌き立つ「知」の冒険

いまを生きる

"青春新書"は昭和三一年に——若い日に常にあなたの心の友として、その糧となり実になる多様な知恵が、生きる指標として勇気と力になり、すぐに役立つ——をモットーに創刊された。

そして昭和三八年、新しい時代の気運の中で、新書"プレイブックス"にその役目のバトンを渡した。「人生を自由自在に活動《プレイ》する」のキャッチコピーのもと——すべてのうっ積を吹きとばし、自由闊達な活動力を培養し、勇気と自信を生み出す最も楽しいシリーズ——となった。

いまや、私たちはバブル経済崩壊後の混沌とした価値観のただ中にいる。その価値観は常に未曾有の変貌を見せ、社会は少子高齢化し、地球規模の環境問題等は解決の兆しを見せない。私たちはあらゆる不安と懐疑に対峙している。

本シリーズ"青春新書インテリジェンス"はまさに、この時代の欲求によってプレイブックスから分化・刊行された。それは即ち、「心の中に自らの青春の輝きを失わない旺盛な知力、活力への欲求」に他ならない。応えるべきキャッチコピーは「こころ涌き立つ"知"の冒険」である。

予測のつかない時代にあって、一人ひとりの足元を照らし出すシリーズでありたいと願う。青春出版社は本年創業五〇周年を迎えた。これはひとえに長年に亘る多くの読者の熱いご支持の賜物である。社員一同深く感謝し、より一層世の中に希望と勇気の明るい光を放つ書籍を出版すべく、鋭意志すものである。

平成一七年　　刊行者　小澤源太郎

著者紹介

弘兼憲史〈ひろかね　けんし〉

1947年、山口県生まれ。早稲田大学法学部卒業。松下電器産業（現パナソニック）に勤務後、74年に『風薫る』で漫画家デビュー。『島耕作』シリーズや『ハロー張りネズミ』『加治隆介の議』など数々の話題作を世に出す。『人間交差点』で小学館漫画賞（84年）、『課長 島耕作』で講談社漫画賞（91年）、講談社漫画賞特別賞（2019年）、『黄昏流星群』で文化庁メディア芸術祭マンガ部門優秀賞（00年）、日本漫画家協会賞大賞（03年）を受賞。07年には紫綬褒章を受章。人生や生き方に関するエッセイも多く手がけ、『弘兼流 60歳からの手ぶら人生』（海竜社）、『弘兼流 60歳からの楽々男メシ』（マガジンハウス）、『一人暮らしパラダイス』（大和書房）などの著書がある。

60歳《さい》からの前向《まえむ》き人生《じんせい》のすすめ
弘兼流《ひろかねりゅう》 やめる！ 生《い》き方《かた》

青春新書
INTELLIGENCE

2020年10月15日　第1刷
2021年2月25日　第7刷

著　者　弘《ひろ》　兼《かね》　憲《けん》　史《し》

発行者　小澤源太郎

責任編集　株式会社プライム涌光
電話　編集部　03(3203)2850

発行所　東京都新宿区若松町12番1号　〒162-0056　株式会社青春出版社
電話　営業部　03(3207)1916　振替番号　00190-7-98602

印刷・中央精版印刷　製本・ナショナル製本

ISBN978-4-413-04602-2